SER FELIZ
Con tu bien más preciado:
"El tiempo"

SER FELIZ

Con tu bien más preciado:

"El tiempo"

"Cómo aprovechar el tiempo de tu vida"

Mónica Beltrán Pérez

Título *"Ser feliz con tu bien más preciado: El Tiempo"*
© 2018 Mónica Beltrán Pérez

Autoedición y Diseño: Mónica Beltrán Pérez
De la edición y maquetación: 2018, Romeo Ediciones

ISBN-13: 978-84-17259-97-6
Impreso en España
Primera edición: diciembre de 2018

La publicación de esta obra puede estar sujeta a futuras correcciones y ampliaciones por parte del autor, así como son de su responsabilidad las opiniones que en ella se exponen.
Quedan prohibidas, dentro de los límites establecidos por la ley y bajo las prevenciones legalmente previstas, la reproducción total o parcial de esta obra por cualquier medio o procedimiento, ya sea electrónico o mecánico, el tratamiento informático, el alquiler o cualquier forma de cesión de la obra sin autorización escrita de los titulares del copyright.
Nota a los lectores: Esta publicación contiene las opiniones e ideas de su autor. Su intención es ofrecer material útil e informativo sobre el tema tratado. Las estrategias señaladas en este libro pueden no ser apropiadas para todos los individuos y no se garantiza que produzca ningún resultado en particular. Este libro se vende bajo el supuesto de que ni el autor ni el editor, ni la imprenta se dedican a prestar asesoría o servicios profesionales legales, financieros, de adoptar las sugerencias de este libro o sacar conclusiones de él. No se da ninguna garantía respecto a la precisión o integridad de la información o referencias incluidas aquí, y tanto distribución, niegan específicamente cualquier responsabilidad por obligaciones, pérdidas o riesgos, personales o de otro tipo, en que se incurra como consecuencia, directa o indirecta del uso y aplicación de cualquier contenido del libro.

ÍNDICE

*Lo que algunas personas opinan sobre EL TIEMPO 9
* Prólogo Teo Mira: 15
*Agradecimientos: 17
*¿Qué te puedo aportar en este libro? 19
*Introducción y clarificación: 25

I.- TU TIEMPO PASADO 33
1º Lecciones aprendidas 35
2º Historias del recuerdo. 47
3º Anclajes 61
4. Tenía que pasar 79
5. Los ladrones de tiempo 89

II.- TU TIEMPO PRESENTE 101
6. Pasar página. 103
7. Es hora de decir "NO". 113
8. Mañana lo haré. 129
9. Tarifa plana de palabras. 137
10. Tu dedicación exclusiva. 151

III.- TU TIEMPO FUTURO LO CREAS TÚ . . 161
11. Tu mejor versión. 163
12. Abre tu mente a lo nuevo. 173
13. Todo tiene un precio. 179
14. Acelera tu éxito. 185

Lo que algunas personas opinan sobre nuestro bien más preciado:
EL TIEMPO

"Es lo que nos esclaviza, es el que por desgracia rige nuestra vida y mucho del cual se lo entregamos a otras personas para que sean ellas las que nos lo administren. Si conseguimos administrarlo bien, es un fiel aliado para nuestro disfrute". *Asencio*

"Yo creo que el tiempo son etapas, unas mejores y otras peores. Yo mi niñez fue muy buena, con unos padres buenísimos y mis hermanos. Mi juventud pues que diría, que no tuve porque me casé muy joven y fui madre muy pronto y ahora con mis 62 años pues disfruto más con mis nietos, mis hijos y mi nuevo marido". *Petri*

"Para mí el tiempo es un aprendizaje de cada ser, lo malo que cuando uno ya ha aprendido los defectos y virtudes de esta vida le llega la hora de la muerte, es la triste realidad. Para mí el tiempo es demasiado corto, somos una luz en el universo". *David*

"El tiempo es un tesoro muy valioso que tenemos y no nos damos cuentas hasta que miramos atrás y ya paso todo lo mejor de nostras vidas pero ya no podemos regresar". *Bella*

"Período determinado en el que se materializa una acción. Es decir, tomar decisiones y llevarlas a cabo. Es la manera de llevar a cabo ciertas funciones en un determinado momento. Creo yo. Depende mucho de nosotros como lo usemos". *Angelita*

"Es una oportunidad para crear lo que nuestro corazón y alma desean, tenemos todo el poder a nuestra mano...si no tenemos miedo de usarlo y dárselo a otros". *Hipólito*

"El tiempo es algo maravilloso que no sabemos aprovechar". *Lola Gutiérrez Sánchez (Escritora)*

Laura Escribá Carrasco (Escritora): Cuando Mónica me llamó para preguntarme que era el TIEMPO, me quedé en silencio y le dije que no existía, que el tiempo es AHORA, este instante y que para mí es POESÍA. El tiempo son lo segundos, minutos, horas y días que pasas pensando en hacer cosas en lugar de hacerlas. El tiempo querida Mónica es un diamante, un diamante como TU LOGO".

"El tiempo es un regalo que nos da la vida, de nosotros depende que hacemos con él. Es limitado como la VIDA". *Nicol*

"Aquello más valioso que tenemos sin lugar a duda…". *Pilar Cervera Sanz (Escritora)*

"Alguien dijo: Todo el mundo tiene reloj y nadie tiene tiempo, qué curioso Mónica, ¿no te parece? Aunque para mí el tiempo es: Aprendizaje, reflexión, con el tiempo medito, hago deporte, me nutro, leo, estoy con personas admirables como tú Mónica. Con tiempo me permite AGRADECER todo lo que hago, siento, veo, huelo y oigo. Y qué curioso que todo se hace con el tiempo. Gracias Mónica". *Jordi Sanz (Experto en ventas)*

"El tiempo es ORO. Tiempo para el AMOR. Tiempo para la FAMILIA. Tiempo para los AMIGOS. Tiempo para el TRABAJO. El tiempo lo es TODO para ser feliz y pasa muy rápido. Hay que administrarlo y disfrutarlo". *Jorge Miralles (Consultor de Hostelería)*

"No lo sé, pasa tan deprisa que no me da tiempo a verlo…". *José*

"El tiempo es aquello que pasa mientras miramos el móvil". *Carmen Martínez Sánchez (Escritora)*

"El tiempo es hacer el amor tanto en verano como en el invierno" *J.R.*

"El tiempo es lo único que pasa y no vuelve nunca más". *Teo*

"El tiempo es sinónimo de VIDA". *Elena*

"El tiempo es algo que nunca se recupera". *Vanesa*

"Si eres activo el tiempo es ORO, si ere pasivo el tiempo es monótono y aburrido". *Antonio Valencia Iglesia*

"El tiempo es la mejor medicina. Lo cura todo". *Guillermo*

"El tiempo es AMAR a los demás". *Lorenzo*

"El tiempo es parte de lo valioso de las personas". *Fco. Antonio*

"El tiempo es vida". *M. B.*

"El tiempo es un regalo". *María Sánchez Sepulcre (Docente de hostelería y restauración)*

"El tiempo es dinero". *Débora Miralles (Asesora comercial)*

"Es el vivir hoy sin voltear al pasado ni especular el futuro, vive hoy, ama hoy, perdona hoy, sé feliz hoy, hoy, hoy."
Mª Luisa

"Sólo lo valoramos cuando somos conscientes de que nos queda poco...". *María del Rocío*

"El tiempo es todo aquello que tú quieres que sea. Es el momento presente creado desde tu pasado y que la vez condiciona tu futuro. El tiempo es VIDA. Es movimiento. Es avanzar...". *Silvia*

"Una oportunidad de hacer cosas maravillosas". *Kiko García García (Técnico de personal y RR.HH.)*

"El tiempo el reloj de nuestra vida, así de simple". *Arnold*

"El tiempo es lo que se hace con él y lo que se pierde". *José María*

"Aquello que nunca vuelve". *Ana Sánchez Aznar (Gerente empresarial)*

"El tiempo es INFINITO". *Omar*

"El tiempo es TODO". *Juan Antonio Fructuoso Carbonell (Camarero)*

"El tiempo es cada momento que pasa sin valorar el ahora, el instante que no volverá, cada parpadeo de tus ojos que hacen que pierdas la belleza de lo que re rodea y la suerte que tienes de estar en eta vida...

Ese es mi TIEMPO, todo lo que pierdo, si no vivo cada momento". *Juanjo*

"El tiempo es un soplo". *Dream E.*

Josefa Gracia Cánovas: "El tiempo es el HOY, es el AHORA".

Ana Gracia Linero (actriz): "El tiempo es el camino que voy haciendo".

* Prólogo Teo Mira:

Tengo la gran suerte de conocer a la autora de ésta maravillosa obra que tiene usted entre las manos. Con ella creo haber compartido todo tipo de emociones; felicidad, amor, alegría, tristeza, rabia, dolor, esperanza y un sinfín más de ellas. En definitiva, me considero muy afortunado de que eligiera compartir su vida con la mía y la de mi familia.

Mónica empezó a trabajar con nosotros hace más de 12 años en una empresa familiar dedicada a la restauración, un trabajo que requiere un gran sacrificio y al que se le dedica mucho de nuestro bien más preciado, el tiempo.

Pasar tantas jornadas agotadoras juntos me ha permitido ver la evolución y la sabiduría que esta Mujer con mayúsculas ha ido atesorando y que ahora nos transmite de manera sorprendentemente clara en forma de libro.

Éste libro, grande no por el número de páginas si no por el conocimiento vital que alberga entre sus hojas, ha conseguido que mis prioridades cambien al aplicar sus enseñanzas a mi vida laboral, a la relación con mi familia y, por supuesto, a las personas que me rodean todos los días y a los que tanto quiero.

Leerlo ha hecho que sienta una emoción desbordante al hacerme rememorar mentalmente todas las experiencias vividas con ella, así como momentos de mi infancia, mi adolescencia, de mi vida entera. Hoy me invade una ilusión, una energía casi mágica, que me da la fuerza necesaria para seguir creciendo, evolucionando y conseguir de esta manera los retos que me he propuesto.

Seguro que usted, lector, ya habrá oído algo similar antes con respecto a otros libros pero, créame cuando le digo que las herramientas que nos regala la autora para que las apliquemos en nuestro día a día funcionan, y le ayudarán a alcanzar sus metas y objetivos vitales además de conseguir que cada día sea un día dichoso y feliz.

Gracias Mónica por todo lo que eres y por todo lo que das.

Con mucho amor, Teo Mira.

*Agradecimientos:

En primer lugar, me siento plenamente agradecida a MIS PADRES, gracias a ellos, llegué a la vida. Todo lo que soy, hago y tengo se lo debo a ellos, sin su cariño y amor, jamás habría podido escribir este legado. Gracias de todo corazón por permitirme se vuestra hija.

Os quiero y os amo.

Agradezco enormemente mi vida a mis antepasados, principalmente a mis abuelos. Sin ellos todo esto no habría sido posible. Gracias.

Gracias a este inmenso Universo, a esta energía infinita que lo mueve todo sin cesar, por permitirme descubrir toda la grandeza de mi ser y poder compartirla con el mundo. Hoy quiero compartir mi obra a todos los que estén en este proceso y deseen dar un paso más es su escalera de vida.

A mis hermanos, Juan Pedro y José Ricardo, mis grandes maestros y compañeros de camino, a mis cuñadas Eli y Patricia, dos amores, dos hermanas que desde el silencio y amor, me siguen acompañado siempre.

A mi sobrina y ahijada Ainhoa, su llegada a la vida fue, es y será siempre un bendito regalo para mi vida. A mis dos gotas de agua, Estela y Paula, ellas son gran parte del motor de mi existencia, una explosión de energía concentrada que propulsa amor por donde quiera que pasa. Os amo pequeñas.

A mi sobrino y niño Ricardo, mi sol y mi luz que me recuerda todos los días con su carita de ángel, la belleza de la vida.

A mis amigos y amigas, grandes compañeros de camino, que siempre están ahí, a pesar de que pasen mucho tiempo entre encuentro y encuentro. Sabéis que esto va por vosotros. Sé que estáis ahí.

A mis mentoras/es y maestros, con vuestras enseñanzas me habéis inspirado mostrándome el camino.

Creo fielmente que todo lo que deseamos desde el fondo del alma, se manifiesta en nuestra realidad cuando menos lo esperamos, por eso estoy aquí agradeciendo a la vida poder transmitir mi conocimiento.

¡GRACIAS DE TODO CORAZÓN!

*¿Qué te puedo aportar en este libro?

Simplemente te voy a ayudar a recordar todas las habilidades y conocimiento que tienes dentro de ti con **claridad.**

* ¿Cómo puedes amortizar tu tiempo con este libro?

Seré concisa y directa.

Sencillamente podrás hacerlo si decides leerlo y empezar hoy a amortizar cada segundo de tu vida.

Todos tenemos 86.400 segundos al cabo del día que podemos invertirlos como queramos.

Quizás esté harto/a de utilizar los plannings, horarios, estructuras de tiempo, planificadores, check-list, agendar horas en tu agenda, agenda de outlook, calendario en el móvil, calendario de tareas en pc, organizadores de tiempo, etc…

En este libro no vas a descubrir concepto nuevos sobre el tiempo, ni tampoco puedo ofrecerte una barita mágica para que realices todas las tareas que tienes pendientes desde hace años, meses o semanas por hacer; ni si quiera puedo darte una estrategia para hacer todo lo pendiente.

Lo que sí puedo es ayudarte en cómo puedes solucionar todos esos registros postergados de tiempo que llevas años arrastrando, pasan los años y continúan contigo.

Me refiero a las largas listas del TENGO QUE HACER, o a la cantidad de obligaciones que surgen en un día de forma continuada, sin poder dejar de hacer ninguna de ellas.

Quizás en estos momentos de tu vida piensas que todo lo sabido a cerca del tiempo, ya lo sabes, puesto que lo has experimentado en el pasado, en tu presente y por supuesto, ya tienes definido como puede ser tu futuro, según el concepto de lo que determina la palabra tiempo.

En las páginas de este libro vas a poder tomar conciencia de todo, lo que hasta el día de hoy, has elegido hacer con tu tiempo en tu vida.

También podrás observar todo lo que te ha servido para evolucionar, todo lo que fue necesario pasar para convertirte en la persona que hoy día eres y toda la basura informativa que te ha acompañado hasta el momento.

Por último, te voy a ayudar a tomar la decisión de valorar tu tiempo y tu vida en unión, aprovechando cada segundo de tu brillante vida a partir de hoy. Es el momento de subir un peldaño más y llevar tu vida a un siguiente nivel.

¿LO CREES? ☺

Vamos a hacer el siguiente ejercicio:

Te invito a que cojas el móvil y prepares el cronómetro con la cuenta atrás de **5 minutos.**

¡Adelante!

Ahora vas a visualizar lo que te voy a contar a continuación, pero antes de empezar quiero decirte algo…

"*Quiero que te imagines que……*

Vas a disfrutar de un hermoso viaje en el asiento de un avión que tú elijas, evidentemente puedes viajar en primera clase, con tu tumbona recostada, reposa pies y a partir de este momento tendrás ante ti una pantalla gigante en la cual vas a ver la película que nunca te contaron que existía".

¿Lo has visualizado YA? ☺

"Prepárate porque estás a punto de descubrir al mejor personaje de todos los tiempos. Hoy vas a ver en directo, la mejor película que jamás has visto, una película que jamás olvidarás y que perdurará en ti mientras vivas".

¿Estás preparado/a? ☺

Pues ponte cómodo porque empieza...

¡LA PELÍCULA DE TU VIDA!

Pon el cronómetro de tu móvil en marcha.
¡Empieza la cuenta atrás de **5 minutos!**

¡Disfruta este momento!

Hazlo AHORA
¡Cierra este libro, cierra los ojos y a disfrutar de tu tiempo!

****

¿Has finalizado ya los 5 minutos de la película de tu vida?

¡¡FELICIDADES!! ☺

Ahora, sin demorar un segundo, busca una libreta con tapas divertidas o folios y anota el día, año y hora en el que te encuentras *(ejemplo: 11/11/2018 a las 11:00h).*

*E*scribe la experiencia que has vivido, con todo lujo de detalles, ESCRÍBELO TODO: si estás solo, si estás acompañado, con quién estás, que edad tenias, donde estabas, qué ropa llevabas, qué estabas haciendo, tu estado emocional, TODO ESCRÍBELO TODO.

Pero antes, vuelve a poner el móvil con el cronómetro de **5 minutos** con la cuenta atrás y cuando suene, dejas de escribir.

¡¡ADELANTE, amortiza tu tiempo ahora!! ☺

****

¿Has finalizado ya los 5 minutos de escritura?

¡¡¡ENHORABUENA!!! ☺

Pon de nuevo tu cronómetro a punto:

Tienes **2 minutos** para leer todo lo que has escrito, cerrar los ojos y sonreír hasta que suene la alarma de tu cronómetro.

****

Si has realizado este ejercicio hasta el final, terminas de realizar un trabajo muy potente contigo mismo en 12 minutos, es decir, 720 segundos. Imagínate lo que puedes realizas con los 85.680 segundos restantes en un día.

Sigue generando energía, cuanto más te muevas, más generas.

Hacer cosas nuevas genera energía y te eleva la vibración.

Esto no ha hecho nada más que empezar...

*Introducción y clarificación:

Todavía no somos conscientes de lo afortunados que somos disfrutando de nuestro tiempo. Las personas creemos que tendremos tiempo toda la vida para hacer todo aquello que queramos, que podremos seguir disfrutando de todo cuanto nos apetezca toda la vida, pero si nos paramos a pensar en ello, nos asustamos solo de pensar que el tiempo se nos puede acabar en cualquier momento.

No es cuestión de temer a ello, sino de saber que lo que hagamos el resto de nuestras vidas perdurará para siempre en el tiempo.

Es tiempo de pensar en el tiempo que llevamos aquí, meditar sobre lo que ya hemos conseguido y lo que nos queda por lograr.

Esta sería una buena filosofía de vida, pues todos tenemos la oportunidad de invertir nuestro tiempo donde queramos, como queramos y como sabemos.

Existe el tiempo de calidad y las personas cada vez lo necesitan más, ¿y sabes por qué sucede esto AHORA?

Porque cada vez hay más personas, que conscientemente observan que la vida pasa y no espera, que lo que HOY no realices, jamás podrás realizarlo en tiempo y hora.

Postergar nuestra vida nos lleva a la desesperación de no conseguir nuestros objetivos, deseos o sueños.

Con el paso de los días, meses, años y décadas, las personas hemos aprendido a valorar más otras cosas.

Es cierto que todavía lo material prevalece sobre lo espiritual o místico, pero existe una ciencia que habla de momento del tiempo PRESENTE.

Antes de contarte que ciencia que habla del momento PRESENTE, me gustaría que entendieras algo.

Como habrás observado, la vida gira a pasos de gigantes, el reloj va a la velocidad de rayo láser y todo constantemente cambia segundo a segundo, minuto a minuto. Hasta a la ciencia le ocurre eso.

"Es tiempo de volar todos juntos"

¿Alguna vez te has preguntado….?

¿Qué es Ciencia? Ciencia se designa a todo aquel <u>conocimiento adquirido a través del estudio</u> o de la práctica, constituido por una serie de principios y leyes, deducidos mediante la observación y el razonamiento, y estructurados sistemáticamente para su comprensión.

¿Y qué es Conciencia? Como conciencia se define el conocimiento que una persona tiene de sus pensamientos, sus sentimientos y sus actos.

Resumiendo:

Si...

$$CIENCIA = CONOCIMIENTO$$
$$Y$$
$$CONCIENCIA = CON\ CONOCIMIENTO$$

...cada vez estamos más cerca de entender que lo que la ciencia explica, la conciencia lo transmite, es decir, poco a poco, ciencia y conciencia, empiezan a hablar el mismo idioma.

Pero...

¿Qué es la ciencia del momento PRESENTE?

Es un estilo de vida, por el cual apuestan cada día, más y más persona. Se trata de una práctica llamada Mindfulness, la ciencia de vivir en el presente, que te puede ayudar a reaccionar de manera inteligente y analizar antes de actuar.

Con esta práctica, las personas desarrollan la conciencia humana, que es nuestro mayor tesoro y pueden llegar a desarrollar habilidades e inteligencia que ni si quieran conocen de ellos mismos.

El doctor Paul Fulton, psicólogo y profesor de la Universidad de Harvard, profesional de la salud mental, ha adoptado esta práctica en sus terapias.

El doctor explica que aunque llevaba muchos años interesado en el tema, sabía que en su gremio no se consideraba algo "correcto", sino más bien "religioso".

Sin embargo, todo cambió cuando los estudios del cerebro en el campo de la neurociencia comenzaron a arrojar evidencia muy persuasiva. El número de artículos científicos se han disparado en los últimos 15 años y estos señalan que con la práctica consciente de la meditación, el cerebro, simplemente cambia.

Aunque meditación y Mindfulness, no sean lo mismo, ambas se relacionan de forma muy íntima.

"Podemos decir que "Mindfulness" es aprender a poner la atención en el momento presente potenciando la curiosidad. La meditación es la forma de fortalecer el Mindfulness.

Es como ir al gimnasio para desarrollar músculos con el propósito de moverte más cómodo por el mundo", concluye el doctor Paul Fulton.

En España hay muchas personas famosas, artistas, cantantes, político, deportistas de élite que no tienen reparo a la hora de hablar del Mindfulness, para ellos es su práctica diaria y les ha influido mucho en su preparación.

Así nos lo expresa una heroína del deporte español, que hoy día es una estrella internacional:

"Las excusas te conducen al fracaso. Medito porque me ayuda a calmar mis pensamientos y controlar mi estrés, y a centrarme en el momento" **Pau Gasol**

El mejor tenista de nuestro país y de gran parte del mundo, también asegura que su extraordinaria concentración, se la debe en gran medida al Mindfulness y a los beneficios que sobre su pensamiento ha conseguido.

"En un partido de tenis, la batalla más encarnizada que libro es con las voces que resuenan dentro de mi cabeza.

Quieres silenciarlo todo dentro de la mente, eliminar todo menos la competición, quieres concentrar cada átomo de tu ser en el punto que estás jugando. Si cometo un error en el punto anterior, lo olvido; si se insinúa en el fondo de mi cabeza la idea de la victoria, la reprimo". **Rafa Nadal**

Con 17 años, conoció al músico Nacho Cano y la cultura oriental, el yoga y la meditación. Desde entonces no ha dejado de poner en práctica este conocimiento. Ha crecido como actriz, se trasladó a Estados Unidos, y sus retos profesionales y su evolución personal siempre han estado influenciados por este descubrimiento, cuando apenas se conocía en nuestro país el Mindfulness.

Penélope Cruz fue una de sus precursoras en España, cuando esta práctica seguía siendo algo imaginario vinculado a religiones orientales como el budismo.

Otras célébrities aficionadas a esta práctica y meditación fuera de nuestro país, nos hablan de las grandes ventajas de realizarla a diario.

Oprah Winfrey, Mick Jagger, Los Beatles, Jennifer Aniston son ejemplos de personas que tienen esta gran afición:

"conectarse con ellas nada más levantarse"

> La atención plena se trata de estar completamente despiertos en nuestras vidas. Se trata de percibir la exquisita intensidad de cada momento. También de tener acceso inmediato a nuestros propios recursos para la transformación y la curación.
>
> **Jon Kabat-Zinn**

Toma conciencia que tu tiempo de dedicación presente es la mejor inversión que tu alma pueda recibir en este momento.

Tú también puedes entrenarte para empezar una nueva práctica que te haga conectarte contigo mismo y te ayude a disfrutar de tu vida como realmente mereces.

Todo lo que nos llega por el medio que sea, nos lo dan para utilizarlo. Tú decides construirte o destruirte.

El universo nos ofrece todo, somos nosotros los que elegimos utilizarlo o desecharlo.

Sólo espero que a través de la lectura de estas páginas empiecen a despejarse muchas ideas que tenías creadas inconscientemente. Es momento de tomar conciencia y saber para qué suceden las cosas….

TU TIEMPO PASADO

"Es el tiempo necesario para crecer, progresar y transcender"

1º Lecciones aprendidas

> *Es necesario aprender lo que necesitamos y no únicamente lo que queremos.*
>
> **PAULO COELHO**

A lo largo de nuestros días, hemos podido experimentar mil y una oportunidades de aprovechar el tiempo y es evidente que cada uno lo ha invertido en lo que ha querido, en lo que se le ha ofrecido o simplemente se ha dejado llevar por circunstancias del camino.

Hemos llegado hasta estos días con muchos aprendizajes nuevos, viejos y ancestrales. Todos han sido necesarios para nuestro desarrollo personal y vital.

¿Pero cuántas veces nos hemos lamentado de haber vivido capítulos de nuestra vida que no queríamos vivir?

¿Cuántas veces hemos repetido la misma serie de comportamientos que no queríamos realizar?

¿Cuántas veces hemos hecho lo que otros nos decían que era lo mejor?

Lo mejor, ¿para qué?

¿Para su interés, para el nuestro o para el bien de la humanidad?

Estas preguntas nos conducen a una sola contestación:

El ser humano barre para su propio interés, sin importarle en absoluto el interés ajeno. Y todo es perfecto.

Integrar esto es sencillo si se sabe cómo y yo aprendí hacerlo integrando y decidiendo ser feliz. La felicidad te ayuda a ser más amable, a ser libre, a cuidarte más, a ayudar a otros que se cuiden, a ser financieramente libre, a desarrollarte personalmente y a tener mucho sentido del humor. Todo se puede aprender en esta vida y la felicidad es una decisión que sólo la eliges tú.

Quizás amigo lector estés pensando: "Yo no estoy de acuerdo con lo que dices"

Me parece una muy buena contestación, es más, es lo que esperaba, que la contestaras así, con claridad con contundencia y confianza.

Pero ahora te hago otra pregunta, ¿la has contestado desde el corazón y conscientemente o te has dejado llevar por la emoción y el impulso de la inconsciencia colectiva una vez más?

Sea cual fuere la contestación que obtengas a estas preguntas, es perfecto.

Si algo te ha incomodado de ciertas cuestiones, ahí es donde tienes que observar que vida has vivido en todas tus áreas hasta el día de hoy, es la vida que tú has querido o la que te han impuesto los demás.

Todos tenemos una historia, un pasado y unos recuerdos anclados en nuestra memoria. Es el aprendizaje necesario que teníamos que vivir y experimentar para llegar hasta el día de hoy.

En el primer libro de esta saga, "Ser Feliz en el Trabajo de tu Vida", compartí experiencias de vida muy impactantes que me hicieron crecer como niña, adolescente, pero sobretodo como persona. Comprendí que a lo largo de todas las etapas de nuestras vidas, tienen que aparecer personas y personajes que nos empujen a crecer.

Han existido etapas muy largas incluso densas, pues eran otros tiempos. Lo que hoy día se aprende en una semana, antes necesitábamos meses o años. Pero era necesario aprenderlo a ese ritmo.

Los abuelos de antes no son los abuelos de ahora. Las historias que ellos nos transmitían tenían mucha oscuridad, era una oscuridad adaptada a la época que ellos habían vivido.

Sus historias o recuerdos nos pueden ayudar a clarificar lo aprendido en una parte o gran parte de nuestra historia.

Da igual el personaje o persona que quieras recordar en estos momentos pero la invitación es revisar tu pasado y ver que aplicas al día de hoy, si es información o simplemente un recuerdo.

Recuerdo que en verano solía irme con mis abuelos paternos a pasar unos días a la playa. Ellos vivían en un apartamento en primera línea y a mí me encantaba madrugar y desayunar en el balcón, frente al mar, viendo el amanecer. Mi abuelo también madrugaba mucho, le encantaba salir temprano de casa, tomar su café en su lugar preferido y caminar durante horas por la orilla del mar.

Llegaba a otro de sus lugares favoritos, almorzaba y regresaba por la misma orilla del mar. Cuando llegaba a su lugar de partida, se daba un baño y subía a casa a sentarse en su butaca favorita en el balcón y se disponía a darse su placer del día: fumarse un puro.

Esa secuencia de imágenes eran impactantes para mí.

Mi abuelo hacia cosas, se movía, reflexionaba, creaba y analizaba su vida mientras caminaba, hacia amistades, estaba muy bien considerado socialmente, todo el mundo le llamaba el Sr. Pedro, se creó su prestigio y lo alimentó de la forma que supo, quiso y le dio la gana. Eso no gustaba a algunas personas de la familia pero si les gustaba todo lo que se recibía estando a su lado. Ahora puedo entender por qué.

Aprendí de mi abuelo que haciendo cosas se crea una vida y sé que lo aprendí porque a fecha de hoy lo recuerdo y me enorgullece compartirlo.

No todo fueron enseñanzas nutritivas, también hubo información basura que no servía para nada.

¿Y por qué te digo eso?

Mi abuelo, después de hacer todas estas cosas, llegaba la hora de la historia y eso era lo que a mí me impactaba, sentarme en el balcón con mi abuelo mientras él se fumaba su puro y escuchar su historia.

No era una historia que en su momento me gustara, pero si caló en mi inconsciente; no era una historia que comprendiera con fluidez, pero había que dejar pasar el tiempo para integrarla; no era una historia que hablara bien de los demás, pero ese era un trabajo de vida que el abuelo tenía que solucionar.

Me quedé con el mensaje, con la acción, con la seguridad y creación de cómo él creaba su vida.

El aprendizaje de todo ese conjunto de historias, me hicieron reflexionar y darme cuenta, que todos absolutamente todos, tenemos nuestra vida y todos absolutamente todos tenemos el derecho de vivirla a nuestra manera.

El respeto, el cariño y el amor es la base fundamental del ser humano.

Recibimos información ajena, bien de nuestros padres, abuelos, profesores, maestros, amigos etc... que nos es muy influyente y necesaria. También recibimos mucha información contaminada que no nos sirve para nada.

¿Pero sabemos elegir o desechar esa información?

Es importante nutrirse de la información pero más importante es desechar la información basura y no alimentarla jamás.

ELIGE HOY QUÉ INFORMACIÓN PUEDE NUTRIR TU VIDA Y ALIMÉNTATE DE ELLA

Tendemos a alimentar toda la información basura y la vida nos repite una y otra vez las lecciones repetidas no aprobadas.

Si te paras a observar algún capítulo de tu vida, ahora aquí en el presente, podrás contemplar las veces que algo concreto se te ha repetido.

Venga vamos a jugar con el tiempo……

¿¿Te atreves?? ☺

Podría ser cualquier cosa, pero pongamos de ejemplo una discusión con tu pareja, con mamá, papá, hermanos, con tus hijos, con tu jefe, compañeros de trabajo, amigos, etc… esto servir para que te ayude a traer algún ejemplo personal a tu mente. (10 segundos)

¿Lo tienes?

Venga seguimos….

- ¿Cuál fue el motivo de la discusión, lo recuerdas?
- ¿Cuál fue el contenido y palabras que empleaste?
- ¿Cuál fue el resultado de la misma?
- ¿Qué emociones generó en ti dicha disputa: rabia, furia, enfado, etc…?
- ¿Elevaste tu tono de voz?
- ¿Insultaste o provocaste a alguien?

Bien, llegados a este punto, recuerda la conclusión del resultado.

Ahora piensa en otro momento de tu vida posterior, que hayas vivido un capítulo parecido o similar, con personajes parecidos y motivo parecido.

Vuelve a repetirte las mismas preguntas que antes.

- ¿Obtuviste el mismo resultado?
- ¿Te recordó a ese capítulo anterior?
- ¿Cuál fue tu reacción?

Aplica este juego en cada momento y circunstancia de vida que lo necesites.

Ahora te voy a revelar algo....

> ***El tiempo en la vida es necesario para el crecimiento y desarrollo interno y externo***

Cualquier situación vivida nos hace sentir emociones diversas. Dichos estados emocionales, nosotros somos los creadores de los mismos.

En la escalera de la vida, las circunstancias se nos repite para aprender de ellas y la vida siempre nos envía todas esas lecciones que estamos preparados para recibir en el momento oportuno.

No nos avisa pero si nos impulsa a recordar y repetir lecciones pendientes de aprendizaje.

Cuando nos repite lecciones es porque anteriormente no hemos aprendido todo su mensaje, nos lo envía de forma muy parecida para que observemos lo que ya vivimos y lo que aprendimos de ella.

Puede que necesitemos repetir lecciones una, dos, tres, infinitas veces hasta aprenderlas, pero la emoción que se genera en nosotros nunca será la misma, siempre nos está recordando que eso ya lo hemos vivido y no lo hemos sabido solucionar.

¡¡¡Tengo una buena noticia para ti!!!

Hoy puedes cambiar esa emoción y contemplar ese momento con otros ojos.

Tengo que felicitarte, pues si estás leyendo esto es que ya sabes el resultado a la repetición de tus capítulos.

¡¡¡CAMBIASTE TU EMOCIÓN!!!

Sí, has leído bien, cambiaste tu emoción y cambió tu resultado.

¿Cómo sé que cambiaste tu emoción?

Porque ya no observas ese momento con los mismos ojos. El tiempo te ha ayudado a cambiarla.

Pero mi pregunta hacia a ti es:

¿Está sanada ya esa emoción o sientes dolor recordando lo sucedido?

Cuando sanas la emoción, cambia el resultado.

En las lecciones que la vida nos ofrece, se aprenden múltiples cosas a la vez.

<u>Primero</u> mejora la visión de cómo lo veías y como lo ves ahora; en <u>segundo</u> lugar sanas la emoción contemplando con atención la circunstancia. <u>Y en tercer lugar</u>, es el momento en el que la vida da por concluida y aprobada esa lección, cuando la miras sonriendo, en silencio y con atención con los ojos del amor.

Es posible que te la vuelva a repetir, posteriormente, ahí en cuando te das cuenta tú que has aprendido el mensaje.

> **Cuando te das permiso para ser tú mismo, todo se transforma ante ti.**

A partir de ahora:

- Observa la situación, desde el silencio, el cariño y el amor con atención. *(Créalo en tu mente y lo crearás en tu realidad, miéntete hasta la saciedad)*

- Aprende a escuchar el contenido, no te quedes con el tono de voz ni la emoción del otro. *(Nunca te tomes nada como algo personal, trasciende esa emoción)*

- Respira y piensa antes de hablar lo que vas a decir.

- Utiliza palabras que no ofendan a nadie *(háblate con cariño y responde con amor)*.

- Sonríe, deja fluir ese momento y si guardas silencio, porque así lo requiere el instante, sigue sonriendo.

¡ESTE PROCESO ES BRILLANTE!

Puedes experimentarlo o seguir obteniendo los mismos resultados que has obtenido hasta el momento.

RECUERDA:

1º Amortiza tu tiempo. La vida nos manda destellos de luz en todos los momentos oportunos.

2º Atiende a las emociones que generaron tus lecciones aprendidas y observa con atención lo que has crecido cambiándolas.

3º Elévate a tu siguiente peldaño y trasciende la información basura.

4º Selecciona tu información, la que te ayuda a crecer, a avanzar más rápido y la que no te hace repetir experiencias añejas.

5º Quédate con los recuerdos añejos, únicos y genuinos que no te causen dolor y aprovecha tus segundos al máximo nutriéndote con esas enseñanzas.

NO OLVIDES NUNCA CUÁL ES TU BIEN MÁS PRECIADO

Sin más dilación....CONTINUAMOS.

2º Historias del recuerdo

Recordar un buen momento es sentirse feliz de nuevo.

Gabriela Mistral

Las historias del pasado nos ayudan a crecer en el presente.

Los que no pueden recordar el pasado están condenados a repetirlo.

George Santayana

Sólo nosotros decidimos con que visión y actitud recordamos nuestro pasado.

Dicen, que al pasado no hay que volver ni para recordar pero si decides volver a recordar algo, tráete todo lo que te hizo sentir coraje, valentía y alegría en tu alma.

La diferencia entre el pasado, el presente y el futuro es sólo una ilusión persistente.

Albert Einstein

La vida espera de nosotros que demos la talla del potencial que tiene nuestra esencia y todavía no hemos descubierto.

Nuestras experiencias pasadas fueron el trampolín para nuestro presente. Todas nos aportaron el conocimiento y sabiduría que necesitábamos para llegar hasta el día de hoy.

Si los recuerdos del pasado no te hacen crecer y evolucionar y te siguen causando sufrimiento, elimínalos de tu vida definitivamente. Suelta ese sufrimiento de una vez por todas, esos lastres tan solo pueden causarte enfermedades.

¿Cómo puedes hacerlo?

Dejando de hablar de ellos, dejando de recordar el pasado.

Desaprende esa historia con el reinicio mental que ya te compartí en el libro "Ser feliz en el trabajo de tu vida". Eso solo son eslabones oxidados que no te dejan avanzar en tu proceso. No revuelvas tu pasado.

Si los recuerdos de tu pasado te hacen sentir plenitud, alegría y amor, recupéralos de nuevo y tráetelos a tu situación presente. Apóyate en ellos, si una vez lo conseguiste puedes conseguirlo dos y tres y las veces que tu desees.

Seguramente ese momento de plenitud y entusiasmo te impulsó a acelerar un objetivo en tu vida. Aprovecha ese recuerdo y focalízate en tu nuevo estado emocional.

No es fácil vivir en el momento presente, es más, a veces da hasta miedo.

Yo misma me he preguntado muchas veces: ¿Y ahora qué?

Y también me he contestado: ¿Qué de qué?

Dejarme en paz ha sido siempre mi salvación. Recuerdo también, haber sido muy obsesiva pensando siempre en el futuro y todo lo que tenía que conseguir para obtener lo que quería.

Un día tomé la decisión de cambiar, no sabía ni como lo iba a hacer. Reflexioné y me di cuenta que siempre hacia lo mismo, siempre con la expectativa del futuro y de todo lo que me quedaba por hacer. Alcanzaba una meta y siempre tenia otra preparada. Era una auténtica carrera de la rata como dice Robert T.Kiyosaki en su libro "Padre rico padre pobre". Me sentía frustrada y angustiada. Entonces me pregunté:

¿Quiero vivir en un estado permanente de inquietud e incertidumbre? De forma instantánea contesté un NO rotundo.

A partir de ese momento empecé a disfrutar de todo cuanto realizaba, sin aferrarme al resultado final, disfrutando del recorrido. Que feliz me siento desde que camino ligera de equipaje. Ahora los resultados son superiores a los de antes y encima disfruto del momento presente.

El hilo mágico

Pedro era un niño muy vivaracho. Todos le querían: su familia, sus amigos y sus maestros. Pero tenía una debilidad. - ¿Cual?

Era incapaz de vivir el momento. No había aprendido a disfrutar el proceso de la vida. Cuando estaba en el colegio, soñaba con estar jugando fuera. Cuando estaba jugando soñaba con las vacaciones de verano.

Pedro estaba todo el día soñando, sin tomarse el tiempo de saborear los momentos especiales de su vida cotidiana.

Una mañana, Pedro estaba caminando por un bosque cercano a su casa. Al rato, decidió sentarse a descansar en un trecho de hierba y al final se quedó dormido. Tras unos minutos de sueño profundo, oyó a alguien gritar su nombre con voz aguda. Al abrir los ojos, se sorprendió de ver una mujer de pie a su lado. Debía de tener unos cien años y sus cabellos blancos como la nieve caían sobre su espalda como una apelmazada manta de lana. En la arrugada mano de la mujer había una pequeña pelota mágica con un agujero en su centro, y del agujero colgaba un largo hilo de oro.

La anciana le dijo: "Pedro, este es el hilo de tu vida. Si tiras un poco de él, una hora pasará en cuestión de segundos. Y si tiras con todas tus fuerzas, pasarán meses o incluso años en cuestión de días" Pedro estaba muy excitado por este descubrimiento. "¿Podría quedarme la pelota?", preguntó. La anciana se la entregó.

Al día siguiente, en clase, Pedro se sentía inquieto y aburrido. De pronto recordó su nuevo juguete. Al tirar un poco del hilo dorado, se encontró en su casa *jugando en el jardín.*

Consciente del poder del hilo mágico, se cansó enseguida de ser un colegial y quiso ser adolescente, pensando en la excitación que esa fase de su vida podía traer consigo. Así que tiró una vez más del hilo dorado.

De pronto, ya era un adolescente y tenía una bonita amiga llamada Elisa. Pero Pedro no estaba contento. No había aprendido a disfrutar el presente y a explorar las maravillas de cada etapa de su vida.

Así que sacó la pelota y volvió a tirar del hilo, y muchos años pasaron en un solo instante. Ahora se vio transformado en un hombre adulto.

Elisa era su esposa y Pedro estaba rodeado de hijos. Pero Pedro reparó en otra cosa. Su pelo, antes negro como el carbón, había empezado a encanecer. Y su madre, a la que tanto quería, se había vuelto vieja y frágil. Pero él seguía sin poder vivir el momento. De modo que una vez más, tiró del hilo mágico y esperó a que se produjeran cambios.

Pedro comprobó que ahora tenía 90 años. Su mata de pelo negro se había vuelto blanca y su bella esposa, vieja también, había muerto unos años atrás. Sus hijos se habían hecho mayores y habían iniciado sus propias vidas lejos de casa.

Por primera vez en su vida, Pedro comprendió que no había sabido disfrutar de las maravillas de la vida. Había pasado por la vida a toda prisa, sin pararse a ver todo lo bueno que había en el camino.

Pedro se puso muy triste y decidió ir al bosque donde solía pasear de muchacho para aclarar sus ideas y templar su espíritu.

Al adentrarse en el bosque, advirtió que los arbolitos de su niñez se habían convertido en robles imponentes.

El bosque mismo era ahora un paraíso natural. Se tumbó en un trecho de hierba y se durmió profundamente.

Al cabo de un minuto, oyó una voz que le llamaba. Alzó los ojos y vio que se trataba nada menos que de la anciana que muchos años atrás le había regalado el hilo mágico.

"¿Has disfrutado de mi regalo?", preguntó ella.

Pedro no vaciló al responder: "Al principio fue divertido pero ahora odio esa pelota. La vida me ha pasado sin que me enterase, sin poder disfrutarla. Claro que habría habido momentos tristes y momentos estupendos, pero no he tenido oportunidad de experimentar ninguno de los dos. Me siento vacío por dentro. Me he perdido el don de la vida.

"Eres un desagradecido, pero igualmente te concederé un último deseo", dijo la anciana.

Pedro pensó unos instantes y luego respondió: "Quisiera volver a ser un niño y vivir otra vez la vida". Dicho esto se quedó otra vez dormido.

"Pedro volvió a oír una voz que le llamaba y abrió los ojos. ¿Quién podrá ser ahora?, se preguntó. Cuál no sería su sorpresa cuando vio a su madre de pie a su lado. Tenía un aspecto juvenil, saludable y radiante. Pedro comprendió que la extraña mujer del bosque le había concedido el deseo de volver a su niñez.

Ni que decir tiene que Pedro saltó de la cama al momento y empezó a vivir la vida tal como había esperado.

Conoció muchos momentos buenos, muchas alegrías y triunfos, pero todo empezó cuando tomó la decisión de no sacrificar el presente por el futuro y empezar a vivir en el ahora.

Ahora...

Reflexiona y pregúntate:

¿De qué te quieres acordar y qué quieres recordar cuando tengas 90 años?

Hazte esta pregunta y contéstate con sinceridad. Es un gran indicador de lo que estás viviendo en este momento.

Clarificar lo que uno quiere es muy importante aunque disfrutar del recorrido, lo es muchísimos más.

> **La vida es tan incierta que la felicidad debe aprovecharse en el momento que se presenta.**
>
> **ALEJANDRO DUMAS**

Nunca existe ni existirá un momento perfecto, los momentos son todos los adecuados para actuar. Siempre aparecerá algo nuevo que realizar, un nuevo curso, un nuevo evento, un mejor trabajo, más clientes a los que atender, etc...

Es el momento de liberarse de las frustraciones, seguir con los objetivos y sueños para guiar tu vida pero que lo importante sea ambas cosas, disfrutar y conseguir el resultado, sacando partido de todas las situaciones que se presenten por el camino.

Es de vital importancia, centrar todas tus energías en el presente, entregarte al día a día y no postergar pensando que no lo puedes hacer. Hazlo y déjate de estupideces.

Súbete tu mismo el listón o llegará alguien y te obligará a subírtelo.

Puedes enfocar tu vida como un proyecto, bien sea personal, familiar, económico o en pareja.

Clarifica qué área quieres trabajar y potenciar en tu vida.

Luego construye toda la base, cimientos y raíces necesarias para verlo crecer. Es tiempo de hacer y crear.

¡¡Vamos a crearlo!!

Lo podemos representar con un ejemplo y ejercicio a la vez:

Imagina un terreno, con solo tierra, (la tierra eres tú), es una tierra sana, cuidada, bien alimentada, preparada para su cultivo, removida de dentro hacia fuera con todos sus componente y nutrientes totalmente fértiles para el curso de la naturaleza, (tus emociones, sensaciones, sentimientos, valores, principios y duelos).

Deseas trabajar tu área económica y profesional.

(Recuerda: "Estamos creando tu nueva situación")

De forma imaginaria y creativa *(visualización)*:

- Compras semillas de abundancia de dinero, éxito y prosperidad.

- Abonas el terreno y lo riegas con plena dedicación. Estás creando tu propio jardín; todo el tiempo, energía y amor que inviertas en él, será lo que crezca.

- Todos los días y a la misma hora, (agenda hora para ti mismo, contigo) dedícale tu tiempo establecido a honrar tu siembra, comunicándote a ti mismo lo que quieres obtener de ella y agradeciendo que tu deseo ya está concedido.

- Pon una fecha de vencimiento, en coherencia con lo que hallas sembrado; no pretendas recoger los frutos en una semana ni en dos. Todo necesita su proceso y la desesperación te llevará a la esclavitud. Sé paciente.

- Enfócate en la siembra, nunca en el resultado; siente la felicidad, disfrutando el proceso de sembrar y enriquecerte con todo lo que aprendes por el camino.

Una vez realizado este proceso, imagina ese jardín lleno de color y esencias divinas creadas por ti.

¡¡FELICITATE, HAS LOGRADO TU OBJETIVO!!
Ahora…

De forma física y plena (es el momento de hacer):

- Escribe tu objetivo, con claridad.
- Planifica las horas del día que le vas a dedicar. (1 hora, 2 horas, etc...)
- Anota en tu agenda siempre la misma hora. (Es una forma de crear un hábito y mantener el foco en el objetivo)
- Mantén el orden en tu lugar de creación y trabajo. (Todo lo que no te sirva, deshazte de ello)
- Sé perseverante y disciplinado contigo y tu objetivo.
- Busca información, pide ayuda, aprende de los que ya tienen esos resultados, agiliza tu proceso al máximo.
- Establece una hora al día para leer sobre eso que tanto te gusta, siempre enfocado en tu objetivo.

La perseverancia e integridad hará que tú cosecha se vea materializada en el orden establecido por ti, cuando tú sientas, pienses y hagas en la misma dirección.

Integra que tu tiempo de dedicación, recogerá toda esa siembra que hasta el día de hoy has sembrado.

Aprovecha tus enseñanzas para dejar un buen legado a tus sucesores.

¡¡ FELICITATE POR HABER LLEGADO HASTA EL FINAL CON TU OBJETIVO!!

Igual que lo has conseguido en esta área, puedes conseguirlo con cualquier otra. Sólo el tiempo físico nos marca siempre las emociones presentes. Disfrútalas.

Deja de robarte tú tiempo y malgastarlo en nada y date la oportunidad de: DEJAR TU LEGADO TAN ALTO QUE PUEDAN SEGUIR SUS PASOS TUS SERES MÁS QUERIDOS.

¿Qué emoción te mueve leer esto?

"EL TIEMPO PONE CADA COSA Y A CADA PERSONA EN SU LUGAR"

- ¿Te ha venido algún recuerdo a tu mente?
- ¿Crees que son lo demás a quien el tiempo colocará en su lugar o es a ti mismo?

Analiza en silencio tu contestación, aplicando la sonrisa y la atención. Escucha al corazón y verbaliza con tus palabras lo que has aprendido aquí y ahora.

Si ya tienes tu AGENDA UNIVERSAL permítete cogerla y disfrutar del contenido que hay preparado para el día de hoy. Diviértete por el camino.

Cuando hacemos las cosas desde el amor y la comprensión, todo fluye. Continúa...

Honra a tus emociones y dale las gracias por ayudarte a ver, gracias a los demás, lo que por ti mismo no eras capaz de ver.

Y si sientes la necesidad de revisar tu vida, aplica el ejercicio del principio.

CIERRA TUS OJOS Y CREA TU NUEVA REALIDAD

Es evidente que el pasado no lo podemos cambiar ni borrar, además no es recomendable hacerlo. Gracias a nuestro pasado, hoy tenemos la oportunidad de ascender un peldaño más en nuestra escalera de vida.

Cada uno puede crear su propia escalera e ir ascendiendo por ella. Cada escalón es una lección aprendida, es una enseñanza recibida, es una experiencia vivida. Sube por tu escalera y recuerda que lo que no se aprenda hoy, la vida te lo recordará más adelante.

Confía que las mejores experiencias son las vividas.

¡¡VAMOS A POR OTRO ESCALÓN MÁS...!!!

3º Anclajes

Los anclajes creados en el pasado, son el fruto de nuestras semillas.

Todas las etapas de vida tienen su semilla sembrada, alguna semilla florecen en el momento oportuno con la emoción y deseo con el cual lo sembraste.

Pero a veces las semillas no salen con la flor que deseamos, porque nuestro pensamiento entorpece el crecimiento.

Un anclaje en PNL es una técnica básica que asocia un estímulo a un estado emocional. El ancla es el estímulo que dispara el estado emocional al que lo asociamos.

Es bueno recurrir a un anclaje que nos recuerde cómo nos sentimos, en un momento concreto de nuestras vidas, llenos de alegría, fuerza y felicidad.

Es volver a ese estado emocional y recoger la energía y vitalidad que nos hizo conseguir ese objetivo.

Cuando una tripulación de un barco tiene que salir a alta mar, inicia los preparativos de manera que el día que zarpa están totalmente confiados de que sabrán cómo responder ante cualquier situación que se presente durante el viaje.

El propósito de los grandes marineros es la conquista de las grandes mareas y de regresar a tierra con la meta que les impulsó a emprender su más arriesgada, maravillosa y satisfactoria aventura, echando su ancla al regreso.

Anclarse y enfocarse en objetivos con energía de expansión, te ayuda a crecer en coherencia, sintiendo, diciendo y haciendo en la misma dirección.

A pesar de ser un anclaje positivo, recuerda que el tiempo ha pasado y tienes que continuar expandiéndote y soltando amarras, dejando entrar todo lo nuevo que has aprendido.

Veamos esto con detenimiento.

Un perfume puede ser un anclaje a un momento pletórico de tu vida; una canción puede ser el anclaje perfecto para recordar a ciertas personas; una película puede marcar un antes y un después en tu vida y todo unido puede significar un conjunto de pensamiento que no sabes cómo soltar, por el simple hecho de que te hace sentir bien.

*¿Te gustaría recordar uno de esos capítulos de tu vida que te anclaron a tu pasado?

Vamos a traer esas sensaciones, olores, recuerdos y estamos emocionales al presente. Nos recordarán momentos muy agradables de la vida que nos impulsaron a avanzar.

Prepara tu móvil con el temporizador a 2 minutos.

Ahora puedes cerrar tus ojos y traer esa experiencia al presente. Si no te viene ningún recuerdo, tan solo mantente con los ojos cerrados durante 2 minutos. Respira, hazlo por ti.

¿LO HAS HECHO YA? ☺

¡¡¡FELICIDADES POR VIVIR ESTE MOMENTO!!!

¿Has revivido alguna emoción nueva?
¿Te has sentido bien o has descubierto algo diferente?

Sea cual sea tu contestación, te invito a que te quedes sólo con lo que te impulse a avanzar, aplicándolo al área de tu vida que más lo necesites.

Al enfocarte en el resultado positivo que te dio, recuperarás el recuerdo y lo traerás a tu presente.

"Utiliza tu anclaje para tu propio beneficio"

En el siguiente capítulo te contaré el por qué...

Ahora quiero recordarte pasajes y mensajes de personas que dejaron este plano y nos regalaron su legado.

> Todos nuestros sueños se pueden hacer realidad si tenemos el coraje de perseguirlos.
> **WALT DISNEY**

Ya nos lo demostró Walt Disney, creando el bonito mundo de la fantasía. Su sueño fue su anclaje principal, su enfoque fue ese sueño que tuvo despierto, cuando llegó a aquel lugar. Nadie creía en él, todos le decían lo absurdo que era aquella fantasía que había imaginado.

Otro gran genio de la historia nos dejó este maravilloso mensaje:

> La imaginación es más importante que el conocimiento.
> **ALBERT EINSTEIN**

Hasta los cuatro años Albert Einstein, no pronunció palabra, las tenía todas reservadas para el momento adecuado.

Eso nos enseña que jamás debemos compartir nuestros sueños, objetivos y metas con personas inapropiadas.

*¿Pero sabemos quiénes son esas personas?
*¿Nos hemos atrevido alguna vez a preguntárnoslo?

Creemos que todo aquel que nos acompaña en nuestro camino de vida durante años, puede ser un buen consejero o un buen amigo, hasta que un día empiezas a sentirte mal contándole tus proyectos y no entiendes el porqué.

¡ESA PUEDE SER UNA SEÑAL DE QUE ALGO HA CAMBIADO!

Estamos en constante cambio, evolución y transformación diariamente y si no tomas conciencia de todo este proceso, todo se repetirá sucesivamente.

Un anclaje nos puede ayudar a descifrar parte de ese enigma que guardamos en nuestro interior.

Nos anclamos a personas y momentos durante años sin preguntarnos si eso nos beneficia o nos estanca en nuestra vida.

Es MOMENTO de soltar lo viejo para recibir lo nuevo, a pesar de creer que te ha ido bien.

Vamos a profundizar este **MOMENTO PRESENTE**.

> El comportamiento humano fluye de tres fuentes:
>
> *Emoción, Deseo y Conocimiento.*
>
> **PLATÓN**

Emoción:

¿Alguna vez te has sentido anclado a tu pasado sin saber cómo escapar de él?

Deseo:

Ese anclaje, ¿te ha recordado algo traumático que no has sabido solucionar y la vida te lo ha vuelto a repetir?

Conocimiento:

¿Has aprendido algo de aquella situación?

Los anclajes nos paralizan o nos elevan nuestra vibración. Podemos diferenciarlos por nuestro estado emocional.

Si nos causó dolor y hoy por hoy lo observamos con cariño, esa lección ya la tenemos aprendida. (El dolor es progreso y evolución)

Si de lo contrario, nos causó sufrimiento y nos sigue causado la misma sensación, debemos profundizar en esa herida y mirar que fue lo que pasó. (El sufrimiento es opcional y tú eliges cuando dejar de sufrir)

Estas son las lecciones que la vida nos repite cuando no las hemos aprendido. Aquí es el momento de atender esa situación presente y observar qué tenemos que aprender de ella.

No pretendo aburrirte con este tema, pero en esta sociedad donde vivimos estamos muy acostumbrados a pasar por alto lo importante, lo que marca nuestra vida, lo que nos estanca y nos atormenta.

¡¡¡YA ESTÁ BIEN!!!

Empieza a hoy a: "TRARTARTE CON MÁS CARIÑO Y RESPETO", si tú no lo haces por ti, jamás lo hará nadie. Tienes el tiempo suficiente para empezar a realizar ese trabajo para ti.

Aquí te enseñaré como hacerlo.

Esto no lo verás nunca en la televisión, ni en la prensa, solo lo podrás encontrar en libros como este, que te hablan de que estás en tu derecho y obligación de crecer como persona, no solo a lo ancho ni a lo alto, sino de dentro hacia fuera, dejando que salga ese talento y brillo que guarda tu esencia.

Nos han enseñado a esconder lo que el otro no quiere ver, lo hemos permitido, pero eso se acabó.

Romper con el pasado y trascenderlo, forma parte de nuestro valioso tiempo.

Existen circunstancias que durante toda la vida se han hecho y <u>no se han observado con detenimiento</u>.

Te pongo un ejemplo:

Cuando señalas al otro, estás apuntando directamente hacia ti, toda esa emoción.

¡Haz la prueba ahora!

Señala con tu dedo al frente y verás hacia donde van tres dedos de tu mano.

¿Sorprendido/a?

Pues ahora ya sabes lo que tienes que dejar de hacer.

Con la palabra sucede lo mismo, recuerda que tus palabras se verbalizan a través de tu voz y todo lo que verbalizamos sale del corazón.

Deja de perder tu tiempo hablando de los demás y centra toda tu atención en ti. Aprovecha tu energía.

El conocimiento nos lo han dado para aprovecharlo a nuestro favor, por lo tanto, es hora de dejar de causarnos enfermedades innecesarias. Cuando dejas de culpar al otro de tus males, todo lo que te rodea cambia.

No es mi intención que me creas en absoluto, tan solo ponlo en práctica y verás qué sucede.

Estoy aquí para ayudarte a dar un salto físico, cuántico o mortal, pues si has llegado hasta este punto, estás preparado/a para saltar.

Puedes decidir dejar este libro o continuar leyendo, pero antes te diré las oportunidades son para los "***valientes de corazón y mente***"*.* Así se llama la comunidad que he creado en Facebook, la cual lleva este mismo nombre.

Te invito a que entres ahora y te unas, si así lo deseas.

Puedes escanear el código QR que tienes aquí:

Todo lo que te voy a contar a continuación te va a servir para tomar decisiones importantes en tu vida. Lo importante es lo que marcará un antes y un después, no lo olvides.

"No te quedes sólo con las palabras, pasa a la acción, activa tu mente y corazón".

Durante años estuve culpando a mis familiares y seres queridos de todo cuanto me sucedía. Era evidente que no era consciente de mis pensamientos. No me sentía bien y cualquier trabajo, relación o proyecto que empezaba, siempre fracasaba.

Empecé a preguntarme por qué se repetía todo siempre y con situaciones similares, hasta que por fin descubrí quién era el creador de toda aquella desdicha.

La contestación es evidente, era yo misma la causante de todo.

Fue entonces cuando empecé a aprender de mis fracasos y tomé la decisión de terminar todo aquello que empezaba, a pesar de los obstáculos que se me pusieran enfrente.

No fue fácil lidiar con tantas emociones, pero pude conseguir todos los objetivos, que me había marcado entonces y aprender la lección que tenía preparada en aquel momento.

La coherencia, perseverancia y disciplina fueron mis mayores aliados, con el tiempo.

"Cuando sientes que algo dentro de ti te habla, deja que fluya ese deseo; suelta toda resistencia y permítete sentir. Es en esos momentos cuando aparecen los milagros"

> Coherencia + Perseverancia + Disciplina
> =
> **Objetivo cumplido**

Quiero compartir contigo algo que aprendí sobre las circunstancias del día a día:

LO URGENTE: Hazlo ya y si te equivocas, ten la humildad de reconocerlo y mejorar. *Organiza* tu tiempo.

LO PRIORITARIO: Dale el orden que corresponde e invierte la energía necesario para hacerlo. *Aprovecha* tu tiempo.

LO IMPORTANTE: Es lo que marca un antes y un después en la vida. *Invierte* tu tiempo.

> *Organiza + Aprovecha + Invierte =*
> **Tu Tiempo**

Te invito a que reflexiones sobre ello e integres lo que es urgente, prioritario e importante para ti.

Puedes encontrar muchas variables más, pero hacerlo sencillo te da tiempo para vivir.

En docencia, me enseñaron que:
"Menos siempre es más"

Avanzar en la vida es caerse, levantarse y no detenerse jamás. No es cuestión de flagelarse, eso no da resultado nunca.

Me explicaré mejor.

Todos somos exactamente iguales aunque cada uno tenemos lecciones de vida diferentes que aprender.

Los anclajes son los que te ayudan a progresar en la vida conforme vives experiencias.

No podemos detenernos por una causa emocional, debemos atender la causa, resolverla y continuar.

Si tiene solución, ocúpate y soluciónalo; si no la tiene, ¿para qué preocuparte?

Nos hacemos fuertes emocionalmente y no significa que dejemos de sentir, simplemente empezamos a sentir a otro nivel, desde la comprensión de que todo pasa para algo.

¿Eres consciente de que las agujas del reloj te marcan las horas que ya has vivido, las que vives y las que te quedan por vivir?

Es ahora cuando tienes que realizar una inversión en ti y aprender conceptos nuevos, adaptarte a los cambios constantes, conocer a gente diferente, soltar lastres, personas que ya no te interesan, incluso objetos materiales inútiles o puedes optar por seguir viviendo la vida que vives.

Aprende a ser práctico y hacer las cosas fáciles; no pierdas el tiempo con la perfección, ya aprenderás por el camino, pero tienes que caminar.

Caerse, levantarse y continuar; caerse, levantarse y continuar...ese es el camino al cambio, a la adaptación y transformación.

MÓNICA

¿Conoces esta historia?

"Cuando yo era chico me encantaban los circos, y lo que más me gustaba eran los animales. Me llamaba poderosamente la atención, el elefante.

Después de su actuación, el elefante quedaba sujeto solamente por una cadena que aprisionaba una de sus patas a una pequeña estaca clavada en el suelo.

Sin embargo la estaca era un minúsculo pedazo de madera, apenas enterrado unos centímetros en la tierra. Y aunque la cadena era gruesa y poderosa, me parecía obvio que ese animal, capaz de arrancar un árbol de cuajo con su propia fuerza, podría con facilidad arrancar la estaca y huir.

¿Qué lo sujeta entonces? ¿Por qué no huye?

Siendo un niño, pregunte a los grandes. Algunos de ellos me dijeron que el elefante no escapaba porque estaba amaestrado. Hice entonces, la pregunta obvia…

– Si está amaestrado, ¿por qué lo encadenan? No recuerdo haber recibido ninguna respuesta coherente.

Con el tiempo, me olvidé del misterio del elefante y la estaca.

Hace algunos años descubrí que alguien había sido lo suficientemente sabio como para encontrar la respuesta:

*"**El elefante del circo no escapa porque ha estado atado a una estaca parecida desde que era muy, muy pequeño**".*

Cerré los ojos e imaginé al indefenso elefante recién nacido sujeto a la estaca. Estoy seguro de que, en aquel momento el elefantito empujó, tiró y sudó tratando de soltarse.

Y a pesar de todo su esfuerzo, no pudo. La estaca era ciertamente muy fuerte para él.

Imaginé que se dormía agotado y al día siguiente lo volvía a intentar, y al otro día y al otro…

Hasta que un día, un terrible día para su historia, el animal aceptó su impotencia y se resignó a su destino.

*Este elefante enorme y poderoso que vemos en el circo no escapa porque ¡**CREE QUE NO PUEDE**!*

Tiene grabado el recuerdo de la impotencia que sintió poco después de nacer. Y lo peor es que jamás se ha vuelto a cuestionar seriamente ese recuerdo. Jamás, jamás intentó volver a poner a prueba su fuerza".

Y tú, ¿tienes algo de elefante?
(El elefantito encadenado – Jorge Bucay)

Cada uno de nosotros somos un poco como ese elefante: vamos por el mundo atados a cientos de estacas que nos restan libertad.

Vivimos pensando que "no podemos" hacer un montón de cosas simplemente porque alguna vez probamos y no pudimos. Hicimos entonces lo mismo que el elefante, y grabamos en nuestra memoria este mensaje: **NO PUEDO, NO PUEDO Y NUNCA PODRÉ**.

Tu única manera de saber si PUEDES es intentarlo poniendo en ello **TODO TU CORAZON!**

JORGE BUCAY

Avanzar es el camino y si tú no lo haces alguien llegará a tu vida y te pedirá que avances por él.

Es por ello que, ser contundente me llevó al siguiente capítulo de este libro, te contaré algo que te será muy útil de ahora en adelante.

Recuerda:

"Sumas experiencias de vida a tus años"

Continuamos tic-tac, tic-tac, tic-tac...

4. Tenía que pasar

> No olvides, que bueno o malo, esto también pasará.
>
> **Jorge Bucay**

"Todos estamos llenitos de historias que han pasado que pasan y que pasarán"

En el año 95, estaba estudiando 5º curso de administrativo. Era el último curso de formación profesional. Durante todo el año nos prepararon para elegir si queríamos ir a la Universidad o saltar ya al escenario del mundo laboral.

Recibimos mucha información sobre las carreras que podíamos realizar, visitamos la Universidad, nos dieron conferencias, pero a mí personalmente, ninguna de esas carreras llamaba mi atención, por lo que opté en no invertir energía en ello.

La verdad es que estaba hecha un lío, no tenía ni idea de lo que quería, tenía que tomar una decisión.

Al mismo tiempo, unido a toda esta información y cambio para el siguiente curso, apareció algo nuevo para todos.

Algo que iba a revolucionar el mundo, que lo iba a cambiar todo, podía ser para bien o para algo mejor, nunca para nada malo, al menos así nos lo vendían.

Recuerdo que estábamos en clase de lengua y entró el jefe de estudios a darnos la noticia. Sus palabras nos causaron mucha curiosidad y al mismo tiempo incertidumbre.

Era algo nuevo para todos y de momento no había nadie especializado en ello. Pero, ¿qué era esa cosa tan misteriosa, tan nueva para todos y que a penas controlaba nadie?

¿Era algo místico, científico, paranormal, astrológico, angelical?

¡Cuántos pensamientos se nos pasaron por la cabeza en tan poco tiempo!

El jefe de estudios nos comunicó que la semana próxima tendría más información y pasaría nuevamente por clase para ponernos al día.

He de decir que durante todo mi recorrido en mis estudios, siempre fui delegada de clase o subdelegada, por lo que la información podía tenerla antes que el resto del grupo.

ta vez no iba a ser menos. En el siguiente descanso, entre clase y clase, hablé con los delegados de otros cursos para ver si entre todos podíamos saber qué era eso tan nuevo que se iba a dar a conocer en el instituto. Todos teníamos la misma curiosidad.

Los delegados más avispados empezaron a indagar y a preguntar a profesores hasta que uno de ellos, nos reveló algo que nos dejó a todos perplejos.

"Se avecinan cambios, muchos cambios y esta vez no hay elección. Da igual que vayas a la universidad o des el salto al mundo laboral. Hagas lo que hagas, lo tendrás que utilizar"

¡¡Woo!! La incertidumbre cada vez era mayor; era el momento de saber qué era eso que con tanto misterio hablaban y no sabían ponerle un nombre.

En uno de los recreos, nos reunimos todos los delegados de 5º y empezamos a hablar de qué podíamos hacer para obtener más información sobre eso tan místico que circulaba por el instituto.

Aquello era auténtico periodismo de investigación.

¡¡Cuánta adrenalina junta!!

Nos recorrimos todos los departamentos y salas del instituto en busca de una contestación.

Sabíamos que no era nada físico pero que si se iba a implantar en el instituto para siempre. Los profesores más mayores hablaban de ello como una revolución, y lo iba a ser, vaya que sí.

Nos pidieron que tuviéramos paciencia, que estaban investigando y buscando personas cualificadas para mostrarlo.

Los días pasaron pero allí, nadie nos daba una respuesta. Es más, dejaron de hablar de ello y eso nos causó mucho enfado a más de uno. Era como que nos había puesto la miel en los labios y no nos habían dado la elección de elegir si queríamos más.

De pronto, una mañana a última hora, escuchamos rumores de que en la biblioteca habían puesto muchos ordenadores a funcionar al mismo tiempo.

¡Qué raro sonaba eso!

En el instituto solo había ordenadores en la clase de informática. Como éramos muchos alumnos por clase, los grupos teníamos que turnarnos en prácticas y teoría porque no había suficientes para todos.

¿Y ahora se los llevan a la biblioteca? – *nos preguntamos todos los delegados.*

¿Qué estaba pasando?

Pues estaba pasando lo que tenía que pasar, que todos sabíamos que llegaría y pasaría.

Esa misma mañana, cuando terminaron las clases, nos quedamos todos los delegados en la puerta del centro.

Algunos bromeaban sobre la situación, otros se cruzaron de brazos, otros miraban perplejos el entorno. Estábamos desconcertados al mismo tiempo desilusionados, por todo lo que veíamos, sentíamos pero nadie nos aclaraba.

Estábamos hablando de nuestro futuro y la información no era para transparente, más bien era todo muy confuso para nosotros, hasta que por fin, alguien observó nuestra inquietud y nos contó ese gran misterio.

- **¡¡Chicos, venid!!** – *nos dijo el jefe de estudios.*

- **¿Estáis preparados para escucharme?** – *nos preguntó.*

- **Ya estás tardando Juan Carlos, si no quieres que mañana hagamos huelga** – *contestó uno de los delegados.*

Acto seguido se rompió el silencio con una gran carcajada por parte de todos, incluida la del jefe de estudios.

- **Se han instalados ordenadores nuevos en el centro, concretamente en la biblioteca. No son para programación, como habéis venido utilizándolos hasta el momento. Estos ordenadores ya tienen instalado el acceso a internet a nivel usuario, por lo que a partir de la próxima semana empezaréis a utilizar este servicio gratuito aquí en el centro** – *concluyó el jefe de estudios.*

- **Y todo este misterio era para decirnos que ya tenemos internet en el centro?** – *contestó una de las delegadas.*

- **Eso ya existía!** – *expresó la delegada, indignada.*

- **Sí, efectivamente, pero a nivel usuario en institutos no. Solo se utilizaba en otros organismos y en empresas** – *el jefe de estudios prosiguió.*

- **A partir de este año se ha creado la Asociación de Usuarios de Internet (AUI), y todos los centros ya disponemos de internet, aunque la velocidad del navegador está por mejorar** - *añadió el jefe de estudios.*

Fue alucinante, qué información más valiosa nos reveló, en aquellos momentos, el jefe de estudios. Ya nos habían comentando en alguna de las conferencias por la Universidad, la utilidad de Internet en los tiempos que vivíamos y todo lo que estaba por llegar. Pero con la explicación de Juan Carlos, aquello cobraba más sentido.

Nos contó que en el 1993 apareció el primer servidor web español, en la Universidad Jaime I de Castellón, Jordi Adell, pionero de la red en nuestro país, continuó la tendencia de Internet España, siempre en estrecha relación y contacto con el mundo académico y del conocimiento.

Este señor fue uno de los responsables de "*Dónde*", una base de datos sobre recursos de Internet, que recopilaba datos sobre la evolución de la red o intereses de los usuarios.

Años más tarde desapareció, como otras muchas cosas más que desaparecieron de los principios de internet.

En el año 1994, más de 20.000 ordenadores estaban

conectados con un centenar de los organismos con acceso a internet. Más de 400.000 usuarios tenía Telefónica en Ibertex, pero el servicio era muy lento y pronto se acontecería otro nuevo cambio.

- **El cambio se avecina y esta vez no hay elección, como nos decía el profe de mate** - *expreso Roberto uno de los delegados más espabiladillos.*

Realmente la información fue un antes y un después en nuestra mente. Nos marchamos todos en silencio, agradeciéndole las palabras al jefe de estudios, sin tener claro el alcance de todo lo que realmente iba a ser este gran acontecimiento de internet a nivel usuario.

Sinceramente...

Esto tenía que pasar para saber la gran relevancia que a día de hoy tiene el Universo de Internet en nuestros días.

Le dedicamos más tiempo a las redes sociales que a nuestra propia vida, sin darnos cuenta de todo lo que nos estamos perdiendo a nuestro alrededor.

Sabemos que nuestra actitud ante los problemas, fracasos o situaciones del día a día condiciona lo que nos sucede.

Por lo tanto, la percepción de que todo pasa, es más sana que quedarse anclados emocionalmente en una situación.

Para ciertos profesores, esto fue un acoso y derribo en sus carreras profesionales, pues a partir de ahora todo se iba a digitalizar y realizar a través de un ordenador, incluida la programación del curso.

Entre muchos de ellos tuvieron conflictos, pues las asignaturas que ejercían no eran las mismas todos los años. Podían elegirlas, por orden de antigüedad, la que querían ejercer ese año y la programación se la tenían que preparar ellos mismos.

La junta de profesores tenia establecido, que la programación estaba a disposición del centro para quien la necesitara, pero esto no era de buen agrado para profesores que ya habían estado trabajando años atrás, preparándose sus asignaturas y programas por ordenador adelantándose a este tipo de circunstancias.

Los más veteranos se disgustaron y exigieron a los más jóvenes su ayuda solicitando las programaciones.

Aquello tenía que pasar, puesto que nada es para siempre.

Años más tarde todo se ha normalizado, afortunadamente, los cambios del momento presente nos ha ayudado a avanzar.

Por muy grande y complicado que nos parezca algo, todo pasa.

Enfrentarnos a la situación, gestionar las emociones que nos genera o cambiar los pensamientos, en el momento presente, sabiendo que la situación pasará, son estrategias que podemos utilizar para convivir con el dolor y trascender la emoción, en lugar de condenarnos al sufrimiento y llevárnoslo como compañero de viaje.

Tus anclas y tu felicidad van de la mano, tú decides cuando echar tu ancla.

Puedes anclarte y aferrarte al pasado o puedes transcender con ilusión decidiendo por tu felicidad; esta es una decisión que nadie te puede prohibir ni robar. Es sólo tuya. Defiéndela hasta la saciedad.

Si ya sabes cuál es el sentir de la felicidad presente, te doy mi enhorabuena, sigue alimentándola siempre y continúa cocinando a fuego lento esa felicidad. No olvides añadirle ingredientes día a día, eso es un trabajo de vida para tu alma.

Si todavía no sabes por dónde empezar a cocinar tu felicidad, prepárate para empezar a cocinar el mejor guiso de todos los tiempos. Yo lo aprendí desde muy niña, pues la vida me dio la oportunidad de experimentarlo y acepté el reto.

Afortunadamente en esta vida todo se puede enseñar, aprender, entrenar y triunfar en ello.

Funde tu perseverancia y constancia, a la paciencia y tranquilidad del deseo ya cumplido, verás nuevos resultados.

Es creerte que ya lo tienes en el plano intangible y pasar a tenerlo de forma física y tangible, cuando menos te lo esperas.

> Los dos guerreros más poderosos son la paciencia y el tiempo.
>
> **LEÓN TOLSTOI**

Todo siempre va acompañado de muchos más ingredientes que te llevan siempre a un siguiente nivel de conciencia, por ejemplo, la palabra, el respeto, el cariño, el corazón que pongas a la hora de hacer cualquier cosa.

Recuerda siempre: Todo lo que se verbaliza a través de la voz, proviene siempre del corazón. Si tratas a tu corazón con amor, paciencia y tranquilidad, tu corazón te dará los segundos, minutos y horas necesarios para conseguir tus deseos.

Aprende a poner los límites necesarios, pues te relacionas con personas que no están en el mismo proceso que tú y pueden aparecer simplemente para robarte el tiempo.

Como todo es aprendizaje, también podemos aprender a deshacernos de los ladrones de tiempo.

Esto te lo cuento en el siguiente capítulo. Vas a descubrir algo que muchas veces te has preguntado consciente o inconscientemente; algo que lo tenemos presente todos los días y lo evitamos a toda costa.

"Todo llega cuando tiene que llegar y pasa cuando tiene que pasar"

Ponte en modo alerta consciente y lee las siguientes páginas.

5. Los ladrones de tiempo

> Mantente alejado de la gente que intenta menospreciar tus ambiciones. La gente pequeña siempre hace eso, pero la gente realmente grande te hace sentir que tú también puedes ser grande.
>
> **MARK TWAIN**

Las personas que vamos conociendo a lo largo de nuestra vida son los compañeros del viaje que elegimos justo en el momento apropiado.

La gran mayoría de veces, la forma de elegirla es por afinidad, sensibilidad y diversión.

Otras veces, no tenemos opción.

Si pertenecen a nuestro ámbito laboral no podemos elegir con quien queremos o no trabajar, aunque hoy en día si tenemos opciones para elegir los grupos de trabajo con los que mejor desempeñamos nuestro trabajo y habilidades.

El caso más difícil es cuando tienes que trabajar para alguien con quien no te llevas bien personalmente, pero profesionalmente formáis un buen equipo.

Este es un auténtico trabajo de vida, el cual te da la oportunidad de desempeñar dos trabajos a la vez: el trabajo físico por el cual prestas tus servicios y tiempo a la empresa y el trabajo emocional de gestionar las emociones en el momento presente.

Todo es importante valorarlo y atenderlo, no es bueno dejarlo pasar.

Es igual en todas las áreas de vida.

Podemos hablar de la familia y sucedería lo mismo. Cuando no nos llevamos bien con un hermano/a, incluso con nuestros propios padres, tenemos que atender ese trabajo de vida si no queremos que sea la enfermedad la que se encargue de solucionarlo.

Sí, has escuchado bien, la enfermedad. La mayoría de enfermedades que suceden provienen de la cadena celular familiar, por el simple echo de no hacernos cargo y romper las cadenas oxidadas.

Las herramientas y recursos ya habladas en este libro y en libro anterior (Ser Feliz en el trabajo de tu vida), son precisamente para poner en práctica de forma gratuita y fácil, la circunstancia, situación o problema que se nos repite a lo largo de nuestra vida.

En la familia gobierna la confianza y pasa a ser desconfianza cuando te olvidas de gestionar tu tono de voz y palabras, con tu entorno más cercano.

En el trabajo podemos elegir con mayor libertad, pero los miedos e incertidumbres que ocasiona no tener un empleo estable, nos hace quedarnos quietos y no actuar a pesar del estrés, ansiedad o mal genio que se activa cuando acudimos a nuestro lugar de trabajo.

¡Cuánto daño nos hacemos, por no pararnos y contarnos nuestra propia verdad!

¡Cuánto caso le hacemos al de enfrente con tal de no lastimarlo o quedar mal con el/ella!

¡Cuánto le damos a los demás para llevarnos bien con ellos/as y que poquito nos damos a nosotros para sentirnos en paz!

¡Cuánto tiempo le regalamos al otro aunque no lo valore o si es un jefe, no lo pague, todo para que su empresa funcione de maravilla y luego se transforme en una obligación!

¿Te suena algo de esto?

¿Te resuena algo dentro de ti?

¿Has vivido alguna de estas situaciones?

Si todo esto lo trascendemos al momento presente junto con el tiempo, contéstate con un **sí o no** a estas preguntas:

- ¿Te has parado a pensar alguna vez quién puede ser tu mayor ladrón de tiempo?
- ¿Podrías sabes en este momento quién es la persona que te está robando tú tiempo?
- ¿Sabes quién es persona que cada vez que quieres hacer algo aparece y te impide llegar a tu objetivo?
- ¿Sabes quién es esa persona que diariamente te roba más horas, minutos y segundos consiguiendo que te pierdas en tu vida?

Te invito a que hagas tu propia reflexión y escribas su nombre.

Solo tomando conciencia del momento presente descubrirás quién está entorpeciendo tu vida ahora.

Aplica todo lo que has aprendido hasta el momento y no te resista.

Sé sincero/a, bondadoso/a y muy humilde contigo/a mismo/a.

Dedícate 5 minutos de tu día de HOY para reflexionar. No continúes leyendo, pues de nada te servirá.

Invierte tu tiempo en ti AHORA.

TU LADRÓN DE TIEMPO ES:

TU REFLEXIÓN:

"Sólo tú tienes la decisión de iniciar ese cambio hacia la transformación"

Si ya has terminado tu reflexión...

¡ENHORABUENA Y MUCHAS FELICIDADES! Buen trabajo ☺

Ahora respira, sonríe y sigue leyendo lo que viene a continuación.

¡Te vas a sorprender!

¿Cómo te sientes después de haber escrito el nombre de tu ladrón de tiempo?

¿Has sido sincero/a contigo mismo/a?

Si tu contestación ha salido del alma, en este momento te sentirás en paz.

Si tu contestación ha salido del ego, es muy probable que no hayas realizado el ejercicio.

¿Y sabes por qué lo sé? Porque yo actuaba igual. Me lo negaba todo, no hacía caso a nada ni a nadie y actuaba siempre desde la fuerza, el sacrificio y la lucha.

Cuando aprendí a soltar todas las resistencias y me rendí ante mí, apareció mi verdad y mi ladrón de tiempo.

Habrás podido comprobar quién era mi ladrón de tiempo, no podía ser otra persona que YO MISMA.

Si has leído bien, YO MISMA me estaba robando para darles a los demás lo que no era capaz de darme a mí, yo les regalaba mi tiempo, a cambio de nada.

Mi mal estar se iba incrementando y mi rabia también hasta que me di cuenta y empecé a realizar mi trabajo de vida, mi gestión emocional en el momento presente y a comunicarme con los demás con claridad. ¡NO ES NO y punto!

Quizás te estés preguntando cómo se hace esto. Te lo contaré muy pronto.

"DECIR NO ES FÁCIL SI SE SABE CÓMO"

Hay algo más que me gustaría contarte con respecto a los ladrones de tiempo.

Si has aplicado tu ladrón de tiempo a todas tus áreas de vida, has sido sincero y honesto contigo mismo, a partir de ahora te será muy fácil avanzar en la lectura de este libro.

Si de lo contrario, todavía estás dudando quiero decirte que te comprendo perfectamente. Te daré más información para que puedas sacar tus propias conclusiones.

Antes de continuar quiero FELICITARTE NUEVAMENTE pues si has llegado hasta aquí, ya estás realizando un auténtico trabajo de vida e inversión en ti.

Ahora te quiero mostrar otra parte interesante que nos aparece en nuestro camino diariamente.

A veces no somos capaces de detectar, por nosotros mismos, la habilidad que tenemos de realizar tareas.

Esto ya lo hemos oído, quizás en varias ocasiones. ¿Pero le hemos prestado atención?

Verás…

Cuando desempeñamos nuestras habilidades intelectuales y físicas con nuestros amigos, familia o en el propio lugar de trabajo, siempre terminamos haciendo tareas que no nos corresponden, pero como se nos da bien hacerlo, nos las asignan por defecto.

¿Te suena esto?

Vamos a hacer un ejercicio rápido:

Piensa en tu habilidad favorita, la que te permite ser tu mismo ante cualquier persona, lugar o circunstancia, (hablar bien en público o por teléfono, mandar un correo, jugar a las cartas, arreglar algún aparato electrónico, etc…)

¿Lo tienes?

Ahora piensa si en casa, en el trabajo o con los amigos lo desempeñas a menudo y qué recibes a cambio.

- Si es con la familia, es una habilidad que te la van a atribuir siempre a ti.
- Si es con los amigos, tú puedes elegir si quieres o no hacerla.
- Y si es en el trabajo y no te corresponde hacerla a ti, ¿pedirías un aumento argumentando esa habilidad o lo dejarías pasar? Recuerda que estás invirtiendo tu tiempo.

Haz tu propia reflexión y aplica todo lo que ya conoces. No es necesario que la escribas, solo que piensen en ella.

> Siempre parece imposible hasta que se hace.
>
> **Nelson Mandela**

Cuando empezamos a abrir la mente hacia otra dirección, empezamos a ver con otros ojos y a sentir de otra forma.

El presente es el único estado físico del ser humano, lo que no aprendas hoy, no lo aprenderás nunca.

Agradece el tiempo que te dedican los demás porque jamás lo podrán recuperar. Todas las personas que pasan por nuestra vida os nos ayudan a construir o a destruir.

> Sé amable siempre que sea posible. Siempre es posible.
>
> **Dalai Lama**

Aprende y aplica todo lo que aprendas día a día, si tú no lo haces por ti, puede que llegue alguien, te convenza y lo aplique para él.

Sabiendo lo que ahora sabes, *¿lo vas a permitir?*

Decidas lo que decidas, hazlo siempre desde el corazón.

Ya lo decía **Confucio**:

"Cualquier cosa que hagas, hazla con todo tu corazón"

Como me encantan las historias, hace algún tiempo, leí ésta que me impactó. Hoy la comparto contigo.

DISFRUTA TU MOMENTO PRESENTE:

Un empresario estadounidense tomó unas vacaciones en un pequeño pueblo costero por órdenes de su doctor. Incapaz de dormir después de una llamada telefónica urgente de la oficina salió al muelle a caminar para despejar la cabeza.

Una pequeña embarcación con un solo pescador había llegado y dentro del barco había varios peces grandes.

El americano felicitó al mexicano por la calidad de su pescado.

-¿Cuánto tardó en atraparlos? *-preguntó el americano.*

-Sólo un rato *-respondió el mexicano a un inglés sorprendido.*

-¿Por qué no te quedas más tiempo y pescas más pescado? *-preguntó el americano.*

-Tengo suficiente para mantener a mi familia y dar a unos cuantos amigos"- *dijo el mexicano, mientras los descargaba en una canasta.*

-Pero... ¿Qué haces con el resto de tu tiempo?"
-preguntó el americano.

El mexicano alzó la vista y sonrió.

- Duermo, juego con mis hijos, tomo una siesta con mi esposa Julia y paseo por el pueblo cada noche, donde tomamos vino y tocamos la guitarra con mis amigos. Tengo una vida plena y ocupada, señor"

El americano se rió y se puso de pie.

-"Señor, soy un M.B.A de Harvard, y puedo ayudarte.

Usted debe pasar más tiempo pescando, y con los ingresos, comprar un barco más grande. En poco tiempo, usted podría comprar varios barcos. Eventualmente, usted tendría una flota de barcos de pesca".

El empresario continuó: **"En lugar de vender su pesca a un intermediario, vendería directamente a los consumidores, con el tiempo abriría su propia fábrica de pescado".**

"Usted controlaría todo: el producto, procesamiento y distribución".

"Usted tendría que dejar esta pequeña costa Pueblo de pescadores, por supuesto, y trasladarse a la Ciudad de México, luego a Los Ángeles y Ciudad de Nueva York, donde podría dirigir su empresa en expansión con una gestión adecuada".

El pescador mexicano preguntó:

-Pero, señor, ¿cuánto tardaría todo esto?

A lo que respondió el americano:

- **Unos 15 o 20 años. 25 años como mucho.**
- **¿Luego de eso qué sucede, señor?**

–preguntó el mexicano.

El americano se echó a reír y dijo:

"Esa es la mejor parte. Cuando llegue el momento, usted vendería su empresa por millones y se convertiría en rico".

-¿Millones, señor? ¿Y luego qué?

"Luego se retiraría y se mudaría a un pequeño pueblo pesquero costero, donde dormiría hasta bien, jugaría con sus hijos, tomaría una siesta con su esposa, y pasearía por el pueblo en las tardes donde podría beber vino y tocar su guitarra con sus amigos ... "

Julián Castañeda y Organización Mundial del Éxito

Cualquier visión es buena cuando observamos las situaciones y circunstancias con una nueva visión.

Una idea siempre te llevará a otra idea adaptada para ti.

Sólo tú decides que es bueno para ti, sólo tú decides si quieres ser pescador o ser pescado.

"Desarrolla tu pasión por el aprendizaje y siempre crecerás".

ANTHONY J. D`ANGELO

TU TIEMPO PRESENTE

"Vivimos emocionalmente en una especie de locura o desequilibrio al que nos hemos acostumbrado y vemos normal toda la fuerza, sacrificio y lucha a la que nos vemos sometidos a diario"

6. Pasar página

> Ser consciente de qué es lo correcto y no actuar es cobardía.
>
> **Confucio**

Es tiempo de pasar página y empezar de nuevo. Las oportunidades se brindan todos los días, aprovecharlas es nuestra responsabilidad, es un privilegio tener la oportunidad de rectificar cuando algo no ha salido bien.

Esta frase tan común **"Pasar página"** la utilizamos a menudo en situaciones de ruptura, engaños, fracasos, etc.

Las emociones generadas en el momento presente se deben atender para no volver a repetir ese estado emocional.

Todas las circunstancias de vida nos llevan siempre a un siguiente nivel con sus mensajes, enseñanzas y aprendizajes. Es nuestra obligación aplicar todo lo aprendido para poder continuar y soltar lo que ya no nos ha servido en el pasado.

Todas las personas cambian constantemente, todos los días de pensamiento, de estado emocional, de vibración. Lo coherente es ser consciente y aprovechar esa maravilla de poder que todos llevamos dentro. Hoy eres una persona nueva con nuevos recursos, habilidades, nuevas ideas que puedes desarrollar aplicándolas en el día a día.

Se puede aprender a pasar página siendo responsable al cien por cien de tu vida. El compromiso de querer hacerlo te llevara a realizar todo lo que necesitas para soltar ese anclaje oxidado que no te benéfica para nada.

Es necesario realizar duelos cuando el pasado doloroso nos derrumba por la pérdida de cualquier circunstancia.

Ya hemos aprendido que los anclajes suceden y llevan su mensaje; si tienes el ancla echada y te está causando sufrimiento, es momento de atender esa emoción. Al no pararnos a realizar ese trabajo, la emoción sigue anclada y no avanzamos en el progreso de vida. Localizar el dolor es vital, reconocer que existe es necesario, estancarse en él es morirse en vida.

Las etapas de la vida existen para vivirlas y no sobrevivir en ellas.

Aprendemos lo que necesitamos y no lo que queremos porque la vida nos prepara para ello. No tomarse nada como algo personal, es un indicador que puedes superar tus obstáculos con esos mensajes. Esperar a que te resuelvan la vida es una leyenda de la antigua era, todo ha cambiado y seguirá cambiando constantemente.

¿Por qué cuesta tanto pasar página?

A menudo se suele hablar mucho de las experiencias vividas que son las que nos dan alas para vivir. Dependiendo de la emoción que generes en ese instante, estarás viviendo o reviviendo esa circunstancia. Siempre que hablamos del pasado, debemos estar alerta de la vibración que expandimos o condensamos.

Eso es lo que nos hace avanzar o retroceder, construir o destruir nuestro propio presente.

Las rupturas, en general, son cambios que decidimos, que se provocan o que los demás deciden por nosotros.

* Cuando decides romper una relación de pareja, de amistad, familiar o laboral, la gestión emocional generada es tu auténtica responsabilidad, asumes las consecuencias y generas un impacto brutal en todas las células de tu organismo. Es algo importante para ti que conscientemente no te deja avanzar por lo tanto si decides romper con ello, es bueno que te hagas las siguientes preguntas. Esto puede ayudarte a no repetir más este patrón.

- **¿Has tomado la decisión desde el silencio y la quietud o de lo contrario has tomado una decisión en caliente?**

- **Se ha repetido esta situación anteriormente en tu vida o es la primera vez que te sucede?**

- **¿Sientes paz con tu decisión o te ha generado nuevas emociones de incertidumbre?**

Al tomar la decisión desde **el silencio,** en frío, contemplamos las infinitas posibilidades de retroceder, estancarnos o avanzar. El silencio es un gran contestador a estas preguntas. Se une a ello la paz que siente al hacerlo.

Por ello, cualquier decisión a tomar, necesita su proceso, si no queremos que nos lo repitan más adelante en nuevos episodios de vida.

Los recursos o herramientas para cualquier situación:

> **PÁRATE**
>
> **+**
>
> **RESPIRA**
>
> **+**
>
> **OBSERVA LA SITUACIÓN DESDE LA QUIETUD**
>
> **+**
>
> **TÓMATE TU TIEMPO CONSCIENTE**
>
> **+**
>
> **INTEGRA LO SUCEDIDO**
>
> **+**
>
> **DÉJATE SENTIR Ó DÉJATE EN PAZ**
>
> ---
>
> **= HAZ LO QUE TIENES QUE HACER**

Hacer lo que tienes que hacer yo la llamo "hacer la jodida cosa". ☺

La contestación llegará de forma fácil si realizas el proceso desde la paz.

Es un trabajo costoso y sencillo al mismo tiempo; es cuestión de querer hacerlo y solucionar una circunstancia que nos lleva de cabeza.

Pongamos un ejemplo:

*Quiero romper con mi pareja porque ya no estoy enamorado/a de ella. No quiero seguir con esta mentira, me pesa esta situación.

La frialdad emocional también existe, provoca dolor y crecimiento, sale del corazón, por lo tanto, tiene muchos valores añadidos.

Los ingredientes y valores principales es esta acción:

Las personas evolucionamos y no tiene porque ser siempre al mismo ritmo, a pesar de habernos elegido en un momento concreto en el que crecíamos en la misma dirección.

En la naturaleza podemos observar ese crecimiento que es natural. Todo se desarrolla fácilmente dejando fluir el ciclo de la naturaleza.

"Si un árbol deja de expandir sus ramas, sin crecer más, no paraliza el ciclo vital de un bosque entero. Simplemente brota sobre sus propias ramas".

Las personas podemos crecer unidas, expandirnos, ayudarnos y cuando dejamos de aportarnos, los caminos se separan. Aferrarnos a seguir pensando en el pasado, nos consume, nos ahoga y nos hace sufrir innecesariamente.

Cuando la ruptura es provocada por una situación concreta, se generan emociones diferentes. Tomando conciencia, puedes descubrir si lo has hecho porque ya te ha dolido lo suficiente y se está pudriendo tu rama o porque has impuesto tu santa voluntad y la situación volverá a repetirse más adelante.

En otras palabras:

- **¿Lo has hecho en situación emocional fría y tranquila o has empleado la fuerza e imposición?**

A veces la imposición a repetidas circunstancias también es una buena elección, todo dependerá de lo tolerante o firme que seas en tu decisión.

Por ejemplo:

La falta de puntualidad sería un hecho concreto, bien porque tu siempre llegas tarde a tus reuniones o bien porque te hacen esperar.

Si eres tu el que haces esperar a la otra persona, estás robándole su bien más preciado, su tiempo.

Pregúntate a ti mismo:

- **¿Qué te estás robando a ti mismo/a?**

Es una falta de amor muy potente que generamos hacia nosotros mismos, sin saberlo. Es momento de un viaje introspectivo para solucionarlo.

Solicitar ayuda de un profesional o mentor siempre será beneficioso para ti pues te acortan el camino y te muestran la visión que no puedes contemplar en ese momento.

PARARSE
+
OBSERVAR LOS ÚLTIMOS PENSAMIENTOS HACIA TI Y HACIA LOS DEMÁS
+
CONTEMPLAR LAS EMOCIONES GENERADAS
+
DEJAR DE CULPAR AL OTRO
+
HACERSE RESPONSABLE 100%

= SOLICITAR LA AYUDA DE UN PROFESIONAL O UN MENTOR

Si eres tú el que espera a otras personas, es momento de reflexionar y preguntarte:

- **¿Cuántas veces que se te ha repetido esta acción y nunca has dicho nada?**

Actuar con corazón, respeto y buenas palabras, puede ser un buen resultado para romper con esa maldición. Tu tiempo es tuyo y te lo administras tú.

Si de lo contrario no te importa que lleguen tarde, también es importante hacérselo saber a la otra persona.

Simplemente para que sea consciente de que te has dado cuenta que le has regalado tu tiempo y eso es uno de los mayores agradecimientos que el ser humano debe tener con los demás.

"Regalar o que te regalen tiempo, tiene un valor incalculable, pues no se podrá recuperar jamás".

Cuando te regalen tiempo, sé consciente y agradécelo siempre, sentirás paz y esa persona recibirá tu agradecimiento. *Ponlo en prácticas y verás qué resultados.*

En definitiva, siempre es correcto actuar en cualquiera de los tres casos, lo incoherente o incorrecto es quejarse de la situación, no hacer nada y culpar al otro de tu falta de responsabilidad.

<u>Cuando actúas con la mente fría y con corazón</u> suceden cosas maravillosas.

Cuando actúas en caliente y desde la razón, la historia se repite con otros personajes y en un escenario similar.

"Lo que le das a la vida es lo que la vida siempre te va a devolver".

Para cualquier problema siempre hay una solución, solo es cuestión de preguntarse si se quiere resolver: **¿SI ó NO?**

Decir SI QUIERO RESOLVERLO no es influyente para obtener un resultado deseado. No lo digas, ponlo en prácticas, contéstate el resultado que quieras obtener y hasta que no lo consigas, NO TE DETENGAS JAMÁS. Eso es amortizar nuestra vida, estamos aquí para vivir, no para SOBREVIVIR.

Buscar soluciones al momento presente es la mayor amortización que se realiza en la vida.

"INVIERTE EN TI TODO LO QUE PUEDAS Y UN POQUITO MÁS CADA DIA"

Pasar página te invita a progresar disfrutando los resultados.

*¿QUIERES SABER PORQUE NO TERMINAS DE PASAR PAGINA?

Porque no sabes hacia dónde ir.

Cuando clarificas tu camino, todo se resuelve fácilmente.

En realidad el lugar a donde quieres ir no está tan lejos como crees, está más bien muy cerca de ti.

Lo tienes delante de ti es tu vida, es tu día a día. Es vivir el presente, aplicar la asertividad en su momento adecuado, ser consciente que tus patrones pasados pueden volver en cualquier momento para recordarte una lección que creías aprendida, en definitiva, es continuar y no detenerte jamás.

"LA PACIENCIA ES LA MADRE DE LA CIENCIA, TEN PACIENCIA CONTIGO Y LA PODRÁS TENER CON LOS DEMÁS"

"No importa cuán despacio vayas mientras no te detengas".

Confucio

Si te sientes estancado en una ruptura, que no terminas de olvidar, sigue leyendo estas páginas.

"TODO LLEGA CUANDO TIENE QUE LLEGAR"

7. Es hora de decir "NO"

> "Si tienes que decir SÍ, dilo con el corazón abierto. Si tienes que decir NO, dilo sin miedo".
>
> **PAULO COELHO**

A menudo, las personas aceptamos con pasividad ciertas situaciones que nos hace sentirnos mal, perdiéndonos el respeto a nosotros mismos. Nos llenamos de rabia porque realizamos actos sin querer.

Decir NO", no es ser malas personas, ni personas desagradables, es necesario y primordial establecer límites y no ceder ante las manipulaciones y chantajes emocionales.

Toma conciencia que:

En primer lugar: Es tu derecho integrarlo como una habilidad.

En segundo lugar: Debes aprender y entrenarte diariamente haciéndolo, te ayuda a fortalecer los pilares esenciales de tu ser elevándote la autoestima y confianza en ti.

Y en tercer lugar: La forma de responder y respetar, hará que soluciones con más eficacia situaciones de pasividad o peligro, recuerda que la palabra es tu varita mágica.

Decir "NO" es ser asertivos, pero, **¿qué es la asertividad?**

Es la forma en la que nos comunicamos con los demás expresando nuestras opiniones y sugerencias con honestidad, sin ser agresivos ni pasivos, respetando a las personas, respetando nuestras necesidades y defendiendo nuestros derechos. Defenderte no es imponer, es expandir tu derecho desde el corazón.

El valor de decir "NO" es de vital importancia integrarlo y aprender a hacerlo, si no queremos perder el control de nuestra vida.

Una persona asertiva no es egoísta, tampoco ignora las necesidades de los demás, al contrario las respeta mucho; siempre trata de saber encontrar un equilibrio entre los dos extremos el sí y el no.

Los derechos de los demás son igual de importantes que los tuyos propios por ese motivo hay que aprender cuando tienes que decir que si, aceptando la petición del otro y cuando hay que expresar un no.

No se trata de lastimar a nadie, se trata de saber defender tu derecho sin perjudicar a los demás.

*¿Te gustaría saber si eres una persona asertiva?

Hazte las siguientes preguntas:

- *¿Expresas tus deseos de forma sencilla, amable, respetando a quien tienes siempre delante, siendo agradecido/a y constructivo/a?*
- *¿Vas directamente al grano, sin rodeos?*
- *¿Eres íntegro/a siempre y te permites mostrar tu grandeza?*

- *¿Te detienes ante las adversidades del día a día?*
- *¿Te expresas con claridad?*

Aristóteles decía:

"La calidad no es un acto, es un hábito".

"ENTRENAR TU ASERTIVIDAD TE DA LA FUERZA Y EL CORAJE PARA OBSERVAR LA VIDA CON OTROS OJOS"

*¿Cómo puedes conseguir decir NO de forma asertiva?

- *Exprésate con el corazón.*
- *Aporta valor a la sociedad, respetando su decisión.*
- *A pesar de las adversidades, sonríele a la vida para que te devuelva muchas sonrisas.*
- *Escucha antes de responder.*
- *Elimina las palabras negativas que dificulten la comunicación.*

"TRANSFORMAR LA ASERTIVIDAD EN UN NUEVO HÁBITO, ES SUBIR AL SIGUIENTE PELDAÑO DE TU ESCALERA DE VIDA"

Es posible, crear hábitos siendo asertivos y comunicativos, si tienes claro cuáles son tus valores; debes olvidar el miedo y la sensación de culpabilidad cuando expresas tus palabras en una conversación.

Cuando retienes las palabras que quiere expresar el alma, ésta se encoge y se hace chiquitita. Dale la oportunidad que tanto se merece aplicándolo en tu vida a partir de hoy.

Seguramente has superamos situaciones complicadas y no sabes ni cómo lo has conseguido, a pesar de que te daba mucho miedo hacerlo.

*¿Cómo sabes cuando has superado un miedo?

Cuando afrontas una situación que te asusta mucho.

Con la asertividad sucede exactamente lo mismo.

Socialmente, nos han educado para agradar y complacer a los demás, eso es una de las cosas que ha hecho que evitemos la asertividad.

El Universo te la está entregado para que la utilices, es momento de aplicarla a **TU MOMENTO PRESENTE.**

Cuando decides ser una persona asertiva, todo fluye de manera fácil, rompes los miedos, expones tu verdad, deseo y necesidad con dignidad, confianza y respeto.

*¿Qué les sucede a las personas poco asertivas?

- Sufren mucho.
- Evitan controversias.
- Van en contra de sus necesidades, agradando siempre a los demás, no expresan lo que desean.

- Creen que serán rechazados ante los demás si se niegan a realizar algo.
- Sacrifican su vida por el entorno. Se motivan con el miedo y el rechazo.
- La falta de autoestima les hace que no se expresen afirmativamente. Son como el elefantito encadenado, les cuesta romper la cadena y avanzar.
- Les invade la queja, la culpa y el remordimiento.
- Se autolesionan emocionalmente.
- Si saben lo que quieren pero no se atreven a expresarlo.

Entiendo perfectamente a estas personas porque yo estaba como ellos/as, siempre decía que SÍ a todo sin cuestionármelo y terminaba enferma, con ataques de ansiedad y sufriendo mi propio infierno. Hasta que un día descubrí que mi verdad me llevaba a mi libertad y empecé a aplicarlo en mi vida.

No fue nada fácil, pero sí fue un total descubrimiento; nada de lo que había imaginado mi mente llegó a suceder nunca, era todo una pura conspiración mental que yo misma me cree.

El mero hecho de quedarme sin respiración, fue el impulso de dar la primera vez la contestación de "NO VOY A HACERLO". Me mantuve firme en mi contestación y esperé a ver qué pasaba y lo más brillante fue que conseguí algo que llevaba años esperando.

NO PASÓ NADA, la persona que recibió el NO, ni si quiera me preguntó y *¿sabes por qué sucedió?*

Porque la contestación salió del corazón y con firmeza.

"APLICA A TU TIEMPO DE VIDA LA ASERTIVIDAD Y VERÁS LOS RESULTADOS TAN ESPECTACULARES QUE VAS A RECIBIR"

La firmeza, el silencio, la comunicación son los ingredientes fundamentales para convertirte a partir de hoy en una persona asertiva.

Si no sabes cómo empezar, empieza por donde se te ocurra, no pienses, no pongas mente, dale permiso a tu corazón.

En el momento en el que te paras, valoras tranquilamente tus razones, no actúas apresuradamente y tomas una decisión, la culpa desaparece, dando lugar a la asertividad que actúa en base a nuestras convicciones.

"Esto te ayuda a liberarte de un gran peso"

Los más maravilloso de todo es que nos creemos que decir que NO es la ausencia de algo y es todo lo contrario es la INTEGRIDAD en nosotros mismos.

"CUALQUIER PENSAMIENTO O SENTIMIENTO QUE TENGAS, SIEMPRE PASA Y PASARÁ PRIMERO POR TU CORAZÓN"

Lo que la punta de la lengua te indica con amor es la esencia de la palabra que deja salir TU expresión. ATENTO/A a esos momentos en los que quieres expresarte y bloqueas tu emoción. Si pides el tiempo para expresar tu emoción con educación, serás escuchado. PRUÉBALO HOY MISMO. HAZLO Y TE SENTIRÁS LIBRE.

"EXPRESARTE CON CARIÑO Y AMOR, TE AYUDA A CUIDAR TU CORAZÓN"

Decir "NO", está mal visto en nuestra cultura social. Nos lo han recordado en muchas ocasiones a lo largo de la vida. Aprendamos a priorizar y defender que no es una actitud pasiva sino positiva de expresión comunicativa entre las personas.

Las creencias, miedos, exigencias ajenas y otros muchos apartados más, están asignados como normales en la sociedad. Es tiempo de cambiar toda esa manipulación mental e ideología cultural.

Nos importa tanto el reconocimiento social que nos perdemos la vida esperándolo. Los demás no van a vivir por ti, no te van a salvar, nunca lo han hecho y ahora no va a ser menos.

Expresarte no perjudica a nadie, no estás insultando a nadie y es un deseo que expresas con palabras desde tu corazón.

Cada uno debe asumir la responsabilidad de sus actos y si alguien se ofende ante tu decisión, quizás es el momento en el que tienes que guardar silencio y observar su reacción sin hacer nada más.

Nadie ofende a nadie, nos ofendemos nosotros solos. Respeta y serás respetado, escucha y serás escuchado, perdona y serás perdonado.

Sigo aportándote valor para que puedas tener más ejemplo a tus situaciones diarias y decidas de una vez por todas decir NO, a tu mamá que tanto la amas y le dedicas tanto tiempo, a tu vecina que siempre la tienes en casa contándote sus problemas, a tu amiga que lleva diez años en el mismo trabajo y cada vez está más y más viejita con tan solo 30 años.

ROMPE CON TUS MIEDOS Y DECIDE DECIR NO

*¿Sabías que el tiempo SÍ se acaba?

Pues aplica este nuevo ingrediente a tu vida, si no lo quieres lamentar en tu futuro cercano.

> "Tu tiempo es limitado, de modo que no lo malgaste viviendo la vida de alguien distinto. No quedes atrapado en el dogma, que es vivir como otros piensan que deberías vivir. No dejes que los ruidos de las opiniones de los demás acallen tu propia voz interior. Y lo que es más importante, ten el coraje para hace lo que te dice tu corazón y tu intuición".
>
> **STEVE JOBS**

Quiero compartir contigo los 7 pasos que yo aprendí para integrar la asertividad:

1. ***Descubre cuál es tu límite:*** Tu necesidad y deseo, debe atenderse primero que la necesidad y deseo de los demás.

2. **Guardar silencio:** Antes de contestar, escucha. Tómate tu tiempo, no tengas prisa en dar respuestas. Si te precipitas puede que digas que SÍ cuando en realidad quieres decir no. El silencio te da la opción de poder argumentar ese NO que deseas expresar sin necesidad de sentirte culpable.

3. **Pon en práctica decir NO:** Deja de cargarte con responsabilidades y aprende rápidamente a decir "NO PUEDO AHORA", y continúa con tus quehaceres. Cuando lo aprendas, te saldrá de forma instantánea y amortizarás mejor tu energía y tu tiempo.

4. **Encuentra tu mejor plan:** Si un amigo te invita a una fiesta y no te apetece ir, busca un mejor plan para ti sin que afecta a tu amistad. Devuélvele la invitación quedando con la persona otro día para tomar un café y una buena conversación. Haz que sea ese momento atractivo para los dos.

5. **Regálate buenos momentos:** Aprende a premiarte una vez hayas finalizado una acción en la que hayas dicho "NO". Tú progreso y

evolución es importante y valioso, por lo tanto, debes darle valor y premiarlo.

6. **Mantenerte firme en tu decisión:** No es suficiente con decir que NO, es mucho más importante mantenerte firme en la decisión y sentimiento de que no deseas realizar esa acción. En esos momentos aparecen las manipulaciones que pueden tirar por tierra todo ese trabajo que has realizado para ti. *FIRMEZA, NO ES NO.*

7. **Date buenos paseos a solas a diario físicamente:** Antes o después de actuar con firmeza, es muy recomendable caminar físicamente y escuchar en silencio lo que el alma tiene preparado para ti. Es tremendamente saludable caminar a solas recibiendo la energía del sol. Establece una hora de tu día.

Todos hemos vivido situaciones de estrés por priorizar las necesidades ajenas a las nuestras propias.

Estas situaciones generan un cambio emocional radical que nos hace perder nuestro centro. El mero hecho de tomar conciencia y respirar, nos ayuda a tomar decisiones desde la serenidad y templanza, a pesar de ser decisiones urgentes.

Tu propio programa emocional lo tienes que aprender a entrenar tú mismo: *respira, sonríe, escucha, asiente y habla.* Estás en tu derecho de exponer tus condiciones, con respeto, humildad e integridad.

El principal problema de las personas es que se desesperan y contestan antes de hora, no escuchan lo que en realidad se les quiere decir, tienen miedo a ser rechazados y se vuelven locos de nerviosismo innecesario verbalizando palabras horribles. Es el miedo que les ataca y se defienden sin pensar. Cuando realizas un trabajo interior contigo mismo y clarificas todo lo que realmente sientes, es mucho más sencillo expresarse y que te entiendan.

*¿Has vivido alguna situación parecida a estas?

1. Estás en la cola del cine, llega una persona y se cuela delante de ti. Te enfadas pero no le dices nada.

El asertivo diría: Por ejemplo: "Disculpa te has colado y me he dado cuenta". Sin darle mayor importancia, dejaría la situación estar, comunicándole a la otra persona que sabe lo que ha pasado.

2. Una amiga te pregunta si puedes llevarla al aeropuerto a las 7:00 h. A ti te viene muy mal porque tienes tu rutina matutina, pero no quieres que se enfade contigo.

El asertivo explicaría su situación: Por ejemplo, le diría con claridad que no puede pues tiene otras obligaciones. Si de verdad es una amiga, lo entenderá; si no lo entiende no te merece como amigo/a.

3. Llevas ya un tiempo pensando que mereces un aumento de sueldo y no se lo has planteado a tu jefe. Nunca ves la oportunidad y siempre

escuchas que la empresa está en un momento delicado.

El asertivo expresaría su deseo y argumentaría: Por ejemplo, que sus obligaciones han crecido, su horario se ha ampliado y el sueldo sigue en el mismo lugar que cuando empezó, ¿sería posible volver a ver las condiciones del contrato? Guardaría silencio y esperaría la contestación. Una vez escuchada la contestación tomaría una decisión. Nunca se quedaría donde está, pues para ello tomó la decisión de expresarse.

Quizás te hayas sentido identificado/a con alguna de estas situaciones. Expresarte con sinceridad te ayuda a saber en qué momento de la vida te encuentras.

Puede que lleves tiempo estancado en el mismo lugar a nivel personal, social o laboral. Si quieres progresar te tienes que mover.

SI TU NO TE MUEVES PUEDE QUE VENGA ALGUIEN Y LO HAGA POR TI

En el trabajo es donde más nos cuesta ser asertivos y nos permitimos acomodarnos y estancarnos por dinero.

Al estancarnos y no dejarnos fluir, nos sentimos mal y salen las emociones negativas.

*¿Qué le sucede al agua cuando se estanca? Sencillamente que huele mas y se pudre.

Tú también te pudres si decides no moverte.

Tú decides si te quieres estancar o fluir, quejar o expresar.

***¿Sabes cuál es el principal requisito para poder estar en un equipo de trabajo hoy día?**

La actitud.

A los jefes les importa ya muy poco los títulos y carreras que tengas; quieren gente eficiente y resolutiva, personas que no les den problemas y que tomen acción.

Si dejas de ser productivo, pasarás pronto a manos de otros que tomarán acción por ti, entonces llegaran las lamentaciones.

"Crece y da tu mejor versión hagas lo que hagas y si tienes que decir que NO, lo dices CON TODAS las consecuencias"

Hace unos años, después de un curso de formación en la empresa donde trabajaba, nos enseñaron el concepto de la ASERTIVIDAD.

Me impactó tanto que cuando finalizó el curso me acerqué a mis amigos, que eran compañeros y formadores y les agradecí, a los dos, por ese gesto de generosidad de enseñarme algo que desconocía que se podía utilizar. Abrazados los tres, lo celebramos. Fue un auténtico MOMENTUM que nunca olvidaré.

Meses más tarde empecé a aplicarlo en todas las áreas de mi vida, pero en el trabajo necesitaba todavía conocimiento e información para aplicarla pues pensaba que si me expresaba con tanta claridad me echarían.

Esa era mi creencia. Hasta que un día me lancé y expresé lo que sentía con claridad desde el corazón, fui directa al grano.

En aquel momento ejercía de coordinadora de eventos de bodas y los servicios de coordinación eran muy intensos, requerían de mucha concentración, energía y horas.

¡Demasiada responsabilidad para tan poco dinero!

A pesar de ello lo seguía realizando porque me gustaba y antepuse mi deseo al dinero.

Continué haciéndolo, pues era de agradecer todo lo que ese puesto me estaba ayudando para avanzar en mi vida tanto a nivel personal como laboral.

Una noche al finalizar el servicio, tuve la oportunidad de comunicárselo a mi jefe. Hablar con él era un poco complicado, por las circunstancias del día a día. Simplemente esperé el momento ideal para hacerlo y se lo comuniqué con claridad y precisión.

He de aclarar que antes de que llegara este momento, mi jefe ya había tomado acción y el mero hecho que le hablara de este tema era precisamente por eso.

Yo había recibido un dinero que no sabía de donde procedía. Cuando mantuvimos la conversación fue cuando él, me explicó el origen de ese dinero.

Se lo agradecí de todo corazón y le expresé que a pesar esa muestra de reconocimiento por el trabajo realizado, ese puesto tenía mucha responsabilidad y el sueldo seguía sin hacer justicia al esfuerzo realizado por las coordinadoras de evento. Mi jefe asentó con la cabeza y me dijo que lo sabía. Ese mismo año él tomó de nuevo acción y aumentó el sueldo de ese puesto de trabajo, a pesar de las adversidades.

Mi intención fue que él supiera mi necesidad. Como jefe, sabía que la necesidad tenía que ser cubierta y así lo hizo. La actitud por parte de los dos mejoró y seguimos creciendo en el mismo barco.

Es muy importante expresar las palabras y se gana mucho tiempo cuando expresas las emociones en frío.

También hay que ser consciente que siendo asertivo no todo el mundo lo va a entender, ni tampoco pretendas que te quieran, puede que hasta se enfaden contigo.

Es el precio que tienes que asumir cuando creces, evolucionas y clarificas lo que deseas.

Es muy probable que te cruces con personas que malinterpreten tu mensaje y lo tomen como algo personal, regalándote varios NOS, sin argumentos ni valores, pero ese asunto no te corresponde a ti solucionarlo.

Ocúpate de tus sentimientos y pensamientos y no es necesario que los demás sepan todo lo que eres capaz de hacer por ti. Tu actitud ante las circunstancias será tu principal compañera de viaje. No permitas que nadie te haga cambiar de pensamiento a menos que tú lo decidas.

Avanza siempre conlleva superar adversidades. Tu vida se merece momentos de calidad disfrutando de todos tus segundos de vida.

A por más segundos extras….

Simplifica tu vida y obtén segundos valiosos para ti te los mereces.

Seguimos amortizando mas el tiempo.

Continuamos en TU TIEMPO PRESENTE….

8. Mañana lo haré.

> "Cada mañana nacemos de nuevo. Lo que hacemos hoy es lo que más importa".
>
> **BUDA**

Es algo habitual expresar la frase "mañana lo hago", "lo dejamos para mañana", "otro día quedamos", "mañana lo vemos", "tenemos quedar", "mañana hablamos", etc.

El ser humano suele postergar las tareas contándose muchas excusas que le genera un desgaste de energía tremendo.

Ahora que ya sabes que la asertividad nos la han dado para utilizarla, es momento de empezar a tomar conciencia que esas frases tienen que desaparecer de tu diccionario de vida.

En ocasiones, es real que ciertas situaciones o historias no se pueden resolver hasta el día siguiente, pero normalmente lo que hacemos es utilizarla para alargar algo en el tiempo. Algo que quizás no queremos realizar y no nos atrevemos ni si quiera a ponerle una fecha para vivir esa experiencia, personal, social o emocional.

Cuando estudié docencia aprendía algo muy interesante que hoy quiero compartir contigo. Me impactó tanto, que lo aplico desde entonces.

Lo puse en práctica y me ayudó a resolver muchas situaciones presentes.

"SI LO PUEDES HACER EN DOS MINUTOS, HAZLO YA Y NO PIENSES"

Estas fueron las palabras que me dijo mi profesora mientras ella lo aplicaba en una actividad de clase.

Cualquier tarea a realizar, requiere una necesidad diferente, aunque no en todas hay que invertir el mismo número de horas afortunadamente.

Las listas de tareas pendientes siempre las tenemos saturadas, inclusive de cosas que postergamos por años, aun así, siguen apareciendo en nuestras tareas del día a día.

"Lo que hoy parece un huracán en tu vida, mañana comprenderás que solo era el viento, abriéndote un nuevo camino".

Cuando tomé conciencia de esto que te voy a contar ahora, resolví de una sola vez todas las cosas que había procrastinado durante tanto tiempo.

Localicé todas las listas de tareas pendientes y revisé que era lo que tantas veces se repetía y me negaba a hacer.

A la primera lista que acudí fue a mis objetivos para

año nuevo, todos hemos realizado alguna vez esa lista tan famosa con unos objetivos altísimos y muy muy prometedores.

Me di cuenta que se repetía en mi agenda la misma palabra en diferentes conceptos. Me ocasionaba tanto estrés, que finalmente decidí romper todas las listas de tareas pendientes y cambiar las palabras, pero antes de romperla observé algo: todo lo que escribía me salía del alma y nunca llegaba a realizarlo porque interfería mi mente saboteando mis objetivos.

Para mí fue una gran revelación. Desde entonces mi lista de tareas pendientes se reduce al día a día.

Todos los días antes de terminar mi jornada anoto en mi agenda lo que realizaré al día siguiente de la forma que ya os conté en el capítulo 3º:

- URGENTE
- PRIORITARIO
- IMPORTANTE

Anoto también las horas en las que realizaré cada cosa. La primera hora de la mañana realizo lo URGENTE, a continuación lo PRIORITARIO y por último me recuerdo lo IMPORTANTE, y digo me recuerdo porque esto lo hago todos los días. Para mí lo IMPORTANTE es lo que me ayuda a enfocarme en lo anterior.

Puedes hacerte tu propio programa empezando por lo más sencillo, por ejemplo en tus cosas personales.

También puedes aplicarlo a cualquier área de vida que desees. Te aseguro que es muy divertido y te ayuda a enfocarte en todo lo que quieres conseguir.

Yo me descubrí un método que me resultó muy divertido y entretenido aplicarlo en mi vida, pero antes de contártelo quiero recordarte algo.

El que hace cosas, le suceden cosas pero el que juzga al otro por lo que está haciendo solo obtiene su propio juicio.

Durante toda la vida la pereza ha permanecido en nuestro círculo más cercano, apareciendo en todos los momentos que no se le ha llamado.

Dejamos de hacer cosas esperando a ver qué pasa, ¿y sabes lo que pasa? NO PASA NADA, sólo lamentaciones de no haberlo hecho.

Recuerda la reflexión que hiciste cuando leíste el cuento del HILO MÁGICO. ¿Te acuerdas?

¿Quieres seguir haciendo lo mismo toda tu vida o vas a empezar a hacer lo que nadie hace para conseguir lo que todos quieren conseguir?

PÁRATE Y REFLEXIONA.

Querido/a lector/a por mucha teoría que aprendas y mucho conocimiento que tengas, si no lo pones en práctica, jamás conseguirás nada.

Y ahora quiero contarte ese método tan divertido que descubrí y me ayudó a avanzar rápidamente de forma organizada en todas las áreas de mi vida.

Su nombre es método Kaizen. Es una técnica japonesa que nos da la oportunidad de adquirir un nuevo hábito realizando una tarea concreta durante un minuto al día, cada día y a la misma hora.

El creador de esta regla de oro, Masaaki Imai, considera que este método es una filosofía de vida que puede ayudarnos a ser mejores en el trabajo y en nuestra vida personal.

Masaaki Imai es un teórico organizacional y consultor de gestión de calidad y eligió este nombre para el método como una declaración de intenciones, pues Kaizen se construye a partir de dos palabras japonesas que significan:

KAI: CAMBIO

ZEN: SABIDURÍA

¿Cuál es el secreto de esta regla de oro?

Su secreto reside en la simplicidad y baja exigencia en energía y tiempo para completar una tarea.

En realidad, es una trampa mental para el cerebro, ya que estamos hablando de un minuto. Al ser de baja intensidad el esfuerzo a realizar, el cerebro no lo ve como un reto imposible, sino como un esfuerzo asequible que puede realizar todos los días a la misma hora. Esa secuencia de repeticiones crea en nuestro cerebro las conexiones neuronales necesarias para automatizar el hábito.

Aquí es donde sucede la magia, si lo aplicas con inteligencia, en un minuto podrás completar tareas que tú elijas.

Además, este estado mental genera gran motivación, ya que podemos obtener un resultado cada vez que realizas la tarea del minuto.

Es un método muy eficaz que te ayuda a superarte de manera constante y continua.

Voy a ir más allá, puedes crearte un plan diario de estrategias para conectar con tus objetivos, estableciendo las horas concretas en las que realizarás tus hábitos.

Voy a contarte como empecé a crearlo.

- *En primer lugar decidí la hora del día a la que quería realizarlo:*

6:00h

- *En segundo lugar decidí qué hábito quería crear:*

ENFOCARME EN MI PROYECTO

- *En tercer lugar decidí mi frase de declaración:*

(Aquí escribí una frase de resultados)

- *Durante un minuto repetía mi frase de resultados poniéndole intención y coherencia.*

Realizo este ejercicio todos los días del año y voy añadiendo hábitos de forma creciente y sin esfuerzo.

La repetición e intención me hace enfocarme durante todo el día en mi proyecto, permitiéndome avanzar de forma rápida y segura.

Así fue como creé mi ritual mañanero empezando el día con la energía que genero desde este estado emocional.

Gracias a este método he superado la pereza, entrando de forma sencilla en una espiral de cambio y superación.

Como verás es muy sencillo, pero hay que hacerlo.

Te propongo que lo pruebes durante un período de tiempo determinado, 21 días, y verás que pasa.

Como dice **Masaaki Imai**:

"Un largo camino comienza con el primer paso y no tiene nada de malo que sea corto. ***Lo importante es seguir caminando"***.

Este capítulo se llama MAÑANA LO HARÉ, ¿te has convencido ya de que lo harás?

Te invito a que experimentes este método, puedes llegarte a sorprender de los resultados.

Pueden suceder dos cosas:

Que lo hagas y crees el hábito para siempre o que no empieces nunca y no sepas el resultado que puedes llegar a obtener.

Todo proceso requiere un compromiso e inicio.

Te contaré un secreto, el primer resultado que obtuve al realizar este método.

¿Quieres saber cuál fue el resultado?

Sigue leyendo, te lo cuento en las siguientes páginas.

9. Tarifa plana de palabras.

> El verdadero significado de las cosas se encuentra al tratar de decir las mismas cosas con otras palabras.
>
> **CHARLES CHAPLIN**

Los expertos en salud informan que gastamos un 70% de energía diaria para respirar, bombear la sangre, pensar y digerir.

Es por ello que recomiendan hacer ejercicio físico para equilibrar la balanza energética. Es bueno caminar, correr, entrenar cualquier deporte, todo en su justa medida.

La gran mayoría de la sociedad lo sabe aunque no lo practica.

También habrás escuchado en alguna ocasión el poder que tiene la palabra. Debemos prestar atención a lo que decimos y pensar las palabras que queremos expresar ya que invertimos mucha energía a través de la voz.

Actualmente vivimos estados emocionales muy desequilibrados, estamos sometidos a una locura social de quehaceres infinitos a la que nos hemos acostumbrado y vemos normal la fuerza, lucha, sacrificio y energía descomunal que invertimos a diario.

Sabemos que hay cosas que no son normales pero no las atendemos y seguimos haciéndolas, por lo tanto no lo sabemos.

En el año 1999 llegan las primeras tarifas planas de teléfono e internet a España, lo cual significaba que ya podíamos disponer de llamadas ilimitadas y más datos de internet a un precio fijo mensual. Es decir, podías pasarte horas hablando por teléfono al mes y pagar una cuota fija.

Era un gran avance en la tecnología para las empresas e incluso para personas que les gustaba hablar por teléfono.

¡Fue una auténtica revolución!

¿Pero qué problema podría causar esta revolución tecnológica en las personas que les gustaba hablar por teléfono?

La gran mayoría de personas que hablan horas y horas por teléfono, lo hacen inconscientemente para pequeñeces y malgastan energía tontamente. A ello se suma el contenido que inviertan en la conversación y el trato de la palabra que utilicen cuando hablen de personas ajenas a ellas.

¿Me estoy explicando bien?

Cuando les cuento esto a personas que hablan mucho, suelen enfadarse y replican palabras innecesarias todo el tiempo. Malgastan energía, les cambia el estado emocional, bajan la vibración y se empoderan desde el miedo y la razón.

Si en algún momento tú has sido una de estas personas, no te sientas culpable, tan sólo toma conciencia que esto no te aporta nada bueno.

El trabajo de vida es diario, todos los días aprendemos y desaprendemos.

Deja de utilizar este servicio para contarle bobadas a los demás y enjuiciar a una persona que no está presente en una conversación para defenderse.

Sé consciente que todo lo que hagas, digas o pienses sobre los demás te vendrá de vuelta.

Si tienes que expresarte, hazlo siempre con conocimiento de causa y desde el corazón.

Pero la sociedad hace todo lo contrario.

La palabra es el lenguaje con el que nos comunicamos las personas. A través de la palabra invertimos energía de nuestro cuerpo, esa energía la debemos reponer si no queremos sentirnos agotados a diario.

Verás...

Antes de que se fundara en Madrid la Real Academia de la Lengua Española (RAE) en el año 1713, por iniciativa de Juan Manuel Fernández Pacheco y Zúñiga, octavo marqués de Villena, y se publicara la primera edición del diccionario de lengua española (DRAE) en el 1780, ya se habían creado muchas palabras y galicismos con las que las personas de aquella época se comunicaban y no eran precisamente palabras como las que se utilizan a hoy día.

Posiblemente utilizaban su leguaje propio de la época para expresarse positiva o negativamente, pero esa no es la cuestión.

¿Te suena de algo estas expresiones tan usuales en nuestra sociedad actualmente?

Eres un inútil, eres rarito, menudo satélite estás hecho, maldito bastardo, eres un miserable, no vales para nada, eres un incompetente, etc.

O **estas otras:** *Joder!, eso es así porque lo digo yo y punto, no me jodas, vete por ahí, que te den, una mierda para ti, que te den a ti,* **mejor no sigo...**

Son palabras que las expresamos sin pensar y ocasiones las recibimos sin protestar. Vienen y van destruyendo corazones y generando emociones negativas por donde pasan.

Nuestro idioma tiene establecido en el diccionario actualmente (DRAE), más de 93.000 palabras, y utilizamos muy pocas palabras constructivas y consideradas del mismo.

Lo más preocupante de todo es que utilizamos las más negativas y destructivas, empoderándonos desde el miedo.

Como todo es ciencia física y cuántica, el universo siempre contesta en el mismo idioma que le hablamos.

"Somos destructores con nuestras propias palabras"

Sí, has leído bien.

No somos conscientes en la gran mayoría de ocasiones de las palabras que expresamos.

Al tomar conciencia de ello, podemos observar el estado emocional que nos genera expresar esas palabras. Nos enfadamos y nos autolesionamos a nosotros mismos.

Lee esto atentamente:

"Tienes la capacidad de preguntar y contestar con respeto y humildad; tienes la capacidad de crear la mejor idea, la mejor historia, con la emoción más bonita e inspiradora del momento, elevando el entusiasmo desde el amor de quien te esté escuchando, viéndote brillar con toda la puesta en escena que requiere una gran idea de una mente brillante,

es más,...puedes hacerlo en un tiempo record de creación viendo que ya está cumplido ese objetivo de lo emocionante y vivo que lo ves en el mundo intangible,…

pero…… cuando dejas de seguir ese chispazo y la mente brillante se gira hacia otro lado, de un plumazo destruyes tu propia creación cediéndole tu poder a los pensamientos mentales y juzgadores que se encargan de cuestionarlo todo y echar a la basura tu objetivo creado".

¿Has visto lo que ha pasado?

Si has leído atentamente este párrafo, habrás descubierto algo:
- Primero te has elevado tu estado emocional, has visualizado que estabas creando algo y compartiéndolo con alguien, te sentías feliz y pletórico/a expresando tus palabras, contando esa historia que habías vivido…

- Segundo... te has descuidado un instante y has empezado a crear tu propia destrucción escuchando a tus pensamientos.

Tranquilo/a, te entiendo perfectamente, no es fácil controlar los pensamientos, todo requiere un entrenamiento. Con paciencia, silencio y serenidad lo vas a conseguir. Puedo ayudarte a conseguirlo, conozco un camino que te puede interesar, fue el camino que yo misma transité para llegar hasta aquí. Pero antes déjame que te cuente algo más.

Estamos programados de tal forma que antes de pensar en un nuestro poder creador constructor, sacamos las uñas y nos arañamos a nosotros mismos.

DES-PRO-GRA-MA-TE
¡Saca tu basura y juega con la vida!

Vamos a jugar ejercitando la mente, el cuerpo y corazón.

Puedes leerlo todo seguido o punto por punto. Hazlo como quieras.

Descruza las de manos y piernas, adopta una posición cómoda.

Vas a cambiar tu estado emocional poniendo en marcha tu propia energía.

Es momento de hacer, no pienses.

Déjate en paz y fluye.

¿Estás preparado/a?

EMPEZAMOS:

(Deja tu móvil cerca con el temporizador preparado)

1º Estés donde estés, cámbiate de lugar, a otro lugar tranquilo *¡vamos ahora!*

Vete a otro lugar, a la cocina, al comedor, a la habitación, al baño. Vete donde quieras pero cambia de lugar físicamente. Tienes **2 minutos.**

2º ¿Ya? Una vez estés en tu nuevo lugar, vas a crear tu NUEVA IDEA BRILLANTE.

Para ello, coge tu móvil y prepara el temporizador, **2 minutos.**

Ponlo en marcha y guarda silencio durante este tiempo.

Cuando suene….

3º Utiliza el mismo tiempo, **2 minutos**, pero esta vez cierra los ojos y sigue guardando silencio.

Cuando suene…

4º Realiza 3 respiraciones profundas y suelta el aire lentamente, en la última exhalación suelta el aire lentamente y mantén la respiración 5 segundos, una vez realizado permítete relajarte.

5º Pon el temporizador en **5 minutos**, cierra los ojos y procura no dormirte, crea tú IDEA BRILLANTE.

¿Has realizado el ejercicio?

¡¡¡FELICIDADES!!! ☺

A continuación anota, desde la misma emoción con la que lo has creado, tu IDEA BRILLANTE y ponle tantos datos concretos necesites, cuanto más específico seas, mejor, anota con todo lujo de detalles para anclarla en tu subconsciente.

¡¡¡ADELANTE!!!

"MI IDEA BRILLANTE"

"Terminas de unir tu mente, tu corazón y tu alma en una sola emoción de alta vibración".

Lee a diario tu IDEA BRILLANTE y no se lo cuentes a nadie de tu entorno que pueda destruirla de un plumazo con sus objeciones. Cuéntalo sólo, si sientes que tienes que hacerlo. Puedes contártela a ti mismo/a las veces que quieras con entusiasmo, emoción y mucha fuerza. Cuando lo hagas verás lo increíble que es el resultado.

Ahora empieza a invertir energía en esa idea, ponle color, créala en tu mente imaginando que ya la tienes.

Empieza en pequeño por muy grande que sea, poco a poco cogerás confianza en ella y la verás crecer.

Te puedo asegurar que si eres perseverante en esta acción, esa IDEA verá la luz, pues tú la harás brillar.

Te contaré la técnica que yo utilizo:

Cada vez que quiero crear algo, como por ejemplo una IDEA BRILLANTE, utilizo el mismo método con el que creo los hábitos.

Primero realizo este ejercicio y después me lo llevo a mi ritual mañanero para leerlo todos los días durante un minuto a una hora concreta.

¿Recuerdas el método KAIZEN del que te hablé en el capítulo anterior?

Luego a lo largo del día pienso y me enfoco en mis objetivos. MI FOCO ES MI OBJETIVO.

Cada día que pasa es más sencillo realizarlo porque es un entrenamiento mental, acostumbras a tu mente y la diriges tú".

En el siguiente esquema te muestro todo lo que aplico:

COHERENCIA:
SENTIR + PENSAR + HABLAR
En la misma dirección
=
OBJETIVO

| PASIÓN
+
PERSEVERANCIA
+
DISCIPLINA
+>HABITOS

= RESULTADOS | ⬆
⬅ ✚ ➡
⬇ | DECISIÓN
+
PACIENCIA
+
TRANQUILIDAD
+
SILENCIO

= RESULTADOS |

TRABAJO DE VIDA:
LABORAL / PROYECTO
Y
EMOCIONAL

Tengo algo más que añadir a todo esto, creo que es lo más importante que puedo compartir contigo en este capítulo.

Presta mucha atención:

"Por mucho que quieras correr en cualquier proceso que inicies, jamás podrás saltarte ningún paso. No hay atajos en los procesos. Muéstrate con respeto y humildad ante ellos. Todo es puro entrenamiento físico y mental."

"Busca, pregunta, investiga, rómpete la cabeza, para conseguir tu objetivo y sobretodo disfruta del camino, creando la historia que contarás al mundo cuando tu IDEA BRILLANTE haya visto la luz".

"Tu actitud y perseverancia serán los ingredientes fundamentales en esta acción".

"Sin acción no habrá resultados, sin emoción no habrá éxito con realización, disfruta del proceso y crea tu propia idea haciéndola brillar desde el corazón".

CONTRATA A UN/A MENTOR/A QUE HAYA RECORRIDO EL CAMINO Y TENGA EL RESULTADO QUE TU QUIERES ALCANZAR, ya te hablé de ellos/as en el libro anterior.

¿Lo recuerdas?

Por cierto, el resultado que obtuve con el método KAIZEN, después de crear mis hábitos y aplicar el esquema que te he compartido en la página anterior, fue este libro que ahora tienes en tus manos y su AGENDA UNIVERSAL. Su tiempo de realización: 31 días.

"Cuando tienes fe, te marcas un objetivo y crees en ti, por justicia divina lo consigues. Son leyes universales que nunca fallan"

Cuando te apetezca, quieras y puedas, compruébalo, pero no te lo pienses mucho que el tiempo no espera.

Hay algo más que sumar a todo esto, pronto lo descubrirás.

10. Tu dedicación exclusiva.

"Deja de distraerte en cosas que no tienen nada que ver con tu objetivo. Enfócate"

La claridad te lleva a la libertad. Ser claro y conciso te lleva a la salvación. Es por ello que en este capítulo seré muy directa, para que no haya distracciones en el camino.

Hasta el momento querido lector/a, en este libro te he compartido muchas herramientas, métodos, conceptos, historias, reflexiones, conversaciones, etc. y todo ha sido para situarte a ti en un momento real, en el presente.

El único sentido que ha tenido que comparta todo esto contigo ha sido para que veas reflejada tu historia de vida y si en algo te has visto reflejado/a, ese algo pueda ayudarte a avanzar y progresar contigo mismo en tu trabajo, en tu proyecto, con tu familia o con tu profesión.

Pero hay algo que no he mencionado y lo haré en la tercera parte y ultima de este libro. Algo que te va a sorprender, estremecer y que es lo que mueve el mundo.

Voy a resumirte lo que hasta el momento te he querido transmitir pero no me refiero solo a este libro sino desde el principio, desde el primer libro.

Quizás te estarás preguntando para qué? La contestación es muy sencilla: TODO TIENE SENTIDO, y cada uno le damos el sentido que queremos a las cosas.

Todos lo sabemos pero no practicamos nada de lo que sabemos.

Todos tenemos una percepción de las situaciones muy diferente, no tenemos por qué estar de acuerdo.

La pregunta en realidad no sería el para qué. La pregunta concreta sería por qué volver hablar de todo otra vez. La respuesta es porque todos cambiamos constantemente, segundo a segundo, minuto a minutos, hora a hora, día a día y lo que antes pensabas que estaba bien, ahora se te queda pequeño o desfasado.

A pesar de esto, es necesario saber que las etapas de los procesos no se pueden saltar ni atajar. Se pueden acelerar.

Y sin más preámbulos te contaré que...

Cuando inicie el proceso de escritura del libro "Ser Feliz en el Trabajo de tu Vida", lo hice con una única intención:

AYUDAR A LAS PERSONAS a superar traumas laborales, gestionar sus emociones presentes y enseñarles que de todo se puede salir hasta de un trabajo el cual ni amas ni te gusta.

Permanecer en un trabajo que no te gusta e inviertes horas a cambio de un sueldo, es un trabajo que realiza muchísimas personas hoy en día. Las principales causas de enfermedad vienen del trabajo. Anteponen el trabajo a su salud por dinero, un dinero que se lo gastará más adelante para sanar su salud.

¿Tiene esto sentido?

Esta es la carrera de la rata, como dice Robert T. Kiyosaki.

Pues así funciona la gran mayoría de personas que trabajan asalariadas. Un sueldo fijo al mes a cambio de su salud.

El proceso que recorrí era necesario. Muchas personas han recorrido caminos parecidos al mío pero no lo han soltado porque siguen en procesos similares.

Cambiar de un trabajo a otro por dinero es el error más garrafal que comete el ser humano. La valoración de tener un trabajo no está en sí en el dinero. El valor real de cuando aceptas un trabajo es ser tú mismo y desarrollar tu capacidad de producción, aprendizaje y conocimiento a ese trabajo: SER TU MISMO Y DAR LO MEJOR DE TI.

Resulta ridículo pensar que pasar horas en un trabajo haciendo siempre lo mismo y esperar final de mes para cobrar un sueldo, sea un trabajo. Eso es un cambio de tiempo y servicio por dinero. Pero en realidad las personas eso les dan igual, mientras les paguen.

Pues bien, todas estas circunstancias tan dolorosas y frustrantes que tenemos a diario, en el proceso de la vida laboral suelen ocurrir a menudo.

Nos quedamos enganchados en bucles absurdos y no ponemos fin a circunstancias hirientes para nosotros mismo.

Por este motivo escribí ese libro. Porque me importan las personas y he comprendido que se necesita mucha calma, paciencia, serenidad y templanza para dar el paso definitivo de comprender que cuando trabajas para los demás tienes que ser el mejor trabajador, ser tu mejor versión, aportar lo máximo, enfocarte con todas tus fuerzas y crecer como persona y profesional.

Esto es lo que yo aprendí trabajando para los demás. La parte del trabajo de vida emocional, va pegadita a la parte laboral.

Somos humanos y todos nos equivocamos, tenemos emociones dispares y a fecha de hoy no hay colegio que te prepare desde la niñez a gestionar la rabia la ira, el asco o la tristeza, por nombrar algunas. Al dar el salto al mundo laboral empiezas a encontrártelas de frente y sientes que estas en un infierno.

La carrera de la vida te prepara, te empuja, te tira, te levantas, te vuelve a tirar, te revuelca, te llena de barro, te levantas, te hundes, sales, caminas, avanzas, sonríes, respiras, tomas conciencia de lo sucedido, te vuelven a tirar, te levantas rápidamente, te empujan, te paras, preguntas que ocurre, te siguen empujando, vuelves a preguntar qué ocurre, etc…….. hasta que un día no puedes más y TE RINDES.

El camino ha sido necesario para llegar hasta el día de hoy.

Todo era necesario.

Llevas 20 años en la misma empresa, con los mismos compañeros, en el mismo departamento, bueno has ido ascendiendo en responsabilidades pero el sueldo es similar a cuando empezaste, pronto cumplirás los 40 años o quizás los hayas cumplido ya.

Un buen día te levantas y empiezas a darte cuenta de todo que has hecho en tu vida, lo que te gustaría hacer, el tiempo que has dedicado a ciertos momento…. es en ese instante donde te paras, te hundes o de impulsas.

¿Has vivido alguna vez una situación similar?

Así empieza y finaliza un proceso: Parando, asimilando y continuando con otra mentalidad.

Pero, ¿continúas por el mismo camino o te cambias de lugar, de carretera, de trabajo, de proyecto? ¿Qué haces con tu vida en un momento de oscuridad?

Progresas, creces y te expandes, aunque la sensación sea que te estás muriendo.

La vida te redirige y te impulsa al siguiente nivel, esa es la señal. Aparecen los miedos, la incertidumbre, los cantos de sirenas que te dicen lo que tienes que hacer, como lo tienes que hacer aunque ellos no lo hayan hecho nunca. Les haces caso y vuelves a caer en lo mismo. La vida te vuelve a dar otra oportunidad.

¡DEJA DE PERDER TU TIEMPO YA!

Tu momento presente es AHORA y lo que no hagas hoy, no lo harás jamás.

Empieza a ser imperfecto, a permitirte equivocarte, a seguir cayendo y levantarte cada vez más rápido, a dejar de ponerte excusas ridículas, a decir que el otro ha tenido y tiene la culpa, deja de ser un miserable y responsabilízate de tu vida para siempre.

Nadie te va a salvar, nadie te va a rescatar, por mucho que te amen no podrán hacerlo a no ser que tú decidas salvarte antes.

De la única forma que podrás salvarte será empezar a hacer todo lo que siempre has querido realizar, desde la responsabilidad y compromiso.

Te he contado para qué suceden las cosas del pasado, los recuerdos deben de transcender, quédate solo con lo que te impulse.

Ya tienes herramientas para anclar y desanclar circunstancias emocionales. La tecnología ha llegado a nuestras vidas y está revolucionando el mundo.

EMPREDETE en esta nueva era, adquiere conocimientos nuevos de todo lo que se te antoje.

¿Te gustas el Marketing? Te invito a que te sumerjas en este mundo y descubras lo brillante que es.

A mí no me gustaba en absoluto, huía de él hasta que un día me brindaron una oportunidad de una forma asombrosa. Conocí a una persona, una mujer con valores que me fascinaron, respetuosa, valiente, con una fuerza brutal y empoderada desde el amor y el coraje.

Había emprendido su propio negocio, tiene una familia, esposo, dos niños. Su valentía, seguridad y claridad me hizo tomar acción en el marketing.
¡Y CON UNOS RESULTADOS BRILLANTES!

Hoy en día es una persona muy influyente en mi vida además de ser importante para mí como persona. Es brutal lo que esta mujer me ha ayudado a transformar mi vida. Y todo ha sucedido porque la vida me dio la oportunidad y yo la aproveché.

Si has sido capaz de dar a tus jefes productividad en sus negocios y proyectos, también puedes hacerlo para ti.

Si has sido capaz de emprender un proyecto familiar, casarte y tener hijos, puedes emprender tu proyecto laboral y crecer desde las raíces siendo buen jefe ya que has sido buen trabajador.

Estamos en un momento de globalización en el que ya puedes trabajar desde tu casa con tan solo un móvil y un ordenador. Puedes colaborar con empresarios y emprendedores creando nuevas relaciones sociales y laborales.

Puedes descubrir proyectos maravillosos que te ayudan a viralizar proyectos brillantes que te ayuden a generar ingresos pasivos o dobles ingresos para seguir invirtiendo en tu negocio.

Estás en puro movimiento, la vida no es estática. Todo se mueve constantemente a un ritmo descomunal.

RECUERDA: Clarificar + Enfoque= RESULTADOS

¡NO FALLA NUNCA, DOY FE DE ELLO!

Emprende tu negocio propio, muévete a tu ritmo, relaciónate con personas nuevas, deja a tras lo que ya no te sirva de nada. Has crecido y puedes seguir creciendo acelerando el camino.

Si estás leyendo este libro es porque te importa tu tiempo, lo valoras y quieres hacer algo diferente con él. Estás de suerte porque ahora puedes empezar a decidir, clarificar y dirigir. Déjate de tonterías y estupideces celestiales que nadie te va a regalar nada, tu tiempo se agota.

Agradece que todo lo que te ha pasado, te está dando la contestación a este nuevo proceso.

Tienes las fuerzas, coraje y valentía para empezar a invertir en ti hoy, el coche para conducir hacia tu cambio lo conduces tú y para conducir a tus miserias también. Elije muy bien el camino. La vida es larga y corta a la vez, todo depende del ENFOQUE, DISCIPLICA Y PERSEVERANCIA que tengas en seguir tus sueños.

- ¿Quieres un sueldo fijo y vacaciones dos veces al año ó quieres ser tu propio jefe permitiéndote tener vacaciones cuando tú lo decidas?
- ¿Quieres un trabajo fijo o vivir de tu pasión?
- ¿Quieres ser libre financieramente o tener una pensión mínima cuando te jubiles?

¡Decide de una vez por todas **HOY** qué es lo que quieres en tu vida, igual mañana es demasiado tarde!

Te voy a contar en los últimos capítulos de este libro algo que pueda que te sorprenda.

Prepárate para leer algo que quizás nunca te haya contado.

Te adelanto algo.

¿Has escuchado alguna vez lo que significa la palabra DINERO?

¿Te sientes bien con el DINERO?

¿Te gustaría conocer el verdadero significado del DINERO?

Te lo cuento todo en...

TU TIEMPO FUTURO
LO CREAS TU

"Sé un alumno del mundo y déjate enseñar con calidad y honestidad. Cuando lo aprendas tú, enseñarás a otros. Deja bien alto tu legado"

11. Tu mejor versión.

> "Cuanto más agradecido estés por lo tienes, más cosas y razones atraerás para agradecer"
>
> **ZIG ZIGLAR**

Es el momento de HACER y dejarse SER.

Avanzar en la vida requiere de una estrategia efectiva que permite que vayas dando los pasos en la dirección adecuada y veas cambios significativos. Dichos cambios te permiten sentir la satisfacción de ir logrando los objetivos propuestos en busca de tus más grandes anhelos.

Ahora bien, la gran pregunta es:

¿Existe realmente una estrategia garantizada que nos permita crear la vida que queremos?

La respuesta es sí.

En este capítulo comprobarás, que tu mundo visible es producto de tu mundo invisible.

Entenderás y descubrirás que tenemos un sistema de creencias que produce pensamientos, que a su vez producen emociones, que a su vez producen acciones o no y que finalmente generará un resultado visible en la vida de todos.

Si decides aprender el proceso que te comparto a continuación, te aseguro que tu vida empezará a tener mucho sentido a partir de hoy.

Cualquier ámbito en tu vida va a mejorar cuando tu mejores, pero no antes. Este es el orden que hay que seguir.

Si quieres tener éxito, abundancia y prosperidad en tu vida empieza siempre por el principio. Ya he mencionado en ocasiones anteriores que no hay atajos para los procesos, simplemente hay coherencia: Sentir, pensar y hablar en la misma dirección.

Haz lo que has dicho que vas a hacer y si no lo vas a hacer no lo digas. Hablar es gratis y ya sabes el desgaste de energía que supone soltar palabras sin sentido ni coherencia. Amortiza tu energía hablando menos y haciendo más, esto también forma parte del orden a seguir en tu camino hacia la prosperidad.

Ser tu mejor versión está innato en ti, es tu propia esencia pero tienes que permitirte SER.

Aquí te muestro parte de los principios que aprendí en este proceso.

Estamos subiendo un escalón más en nuestra escalera de vida, disfruta del camino y no te disperses:

"ENFÓCATE EN TI"

La persona más influenciable con la que hablas todo

el día eres tú mismo. Por este motivo, ten cuidado acerca de lo que te dices a ti mismo.

Hay personas que se dedican a enseñar a otras porque saben el camino para conseguir sueños. Elige bien quien quieres que te acompañe en tu proceso.

Zig Ziglar enseña que la motivación es un bien escaso y que como tal hay que alimentarlo con frecuencia.

Constantemente las personas comentan que la motivación no suele durar. Por la misma razón podemos pensar que los efectos de una ducha no dura y por eso nos duchamos a menudo, o que comemos varias veces al día porque sentimos la necesidad de alimentarnos y recuperar fuerzas a través de la comida.

Se pierde el enfoque y la energía cuando sueltas tu responsabilidad y te sumerges en la queja. Es más sencillo decir que algo no vale a hacerse responsable y poner uno toda su energía y enfoque.

Cuando les hablo a las personas de algo que no ven, no lo creen. Es su sistema de creencias.

Es necesario encontrar todos los días un estímulo para seguir adelante y la ducha matinal puede servir de ejemplo.

Sinceramente si tú no te sientes un ganador, jamás podrá ser un ganador. No te estoy hablando de creerte el mejor sobre los demás, me reitero que desde la gratitud debemos agradecer y cambiar nosotros mismos para poder ver fuera nuevos resultados que nos inspiren a seguir creciendo.

El principal motivador que hay en tu vida en estos momentos eres tú mismo. La motivación es muy importante en tu vida.

Cuando tengas presente que realmente tienes que estar motivado, podrás seguir estas claves. Disfrutarás de este proceso aprendiendo y tu mentalidad irá cambiando a cada paso que des.

Para cuando llegue ese momento, aquí te las dejo escritas.

Sería una auténtica alegría para mí que empezaras hoy a aplicarlas en tu vida. Sería un signo de que entiendes que tu tiempo es tu bien más preciado y empezar ahora es el momento ideal.

Elige tu momento. Te aseguro que es un proceso extraordinario.

Claves y proceso extraordinario:

1. La responsabilidad es tuya:

"Eres quien eres y lo que eres por lo que ocurre en tu mente; pueden cambiar quien eres y lo que eres…. cambiando lo que ocurre en tu mente. "

Zig Ziglar

¿Te has preguntado alguna vez por qué la gente no desarrolla y usa sus talentos?

Una de las razones por las que no muestran sus talentos es porque los niegan.

Cuando negamos lo que somos capaces de hacer, aun sabiendo que podemos y sabemos hacerlo, nos estamos negando a nosotros mismos. Del mismo actuamos cuando persuadimos a los demás negándoles sus talentos diciéndoles que no tienen nada que ofrecer. Así evitamos las personas que se nos critique o condene.

Eso es una irresponsabilidad por nuestra parte.

Un fracaso es acontecimiento y no una persona, ese es uno de los motivos por lo que las personas juegan a lo seguro y no hacen absolutamente nada. No aceptar un fracaso, culpando a otros es una falta de responsabilidad.

Es más cómoda la postura de culpar al sistema, que ser consecuente de nuestros propios actos.

Los agentes externos son el resultado que genera nuestra mente, creemos que solo algunos pueden ser exitosos. Eso es una gran equivocación. Nadie te limita nada, es tu mente la que tiene la creencia equivocada.

Transforma esta creencia y sé un triunfador. Enfrenta el problema, pues sólo de esa forma podrás descubrir los grandes beneficios que te dará ese problema.

Busca la solución y encontrarás el verdadero camino a la abundancia.

Integrar palabras nuevas a tu vida como abundancia, éxito y prosperidad, te ayudará. No haces ningún mal a nadie integrando en tu vocabulario estas palabras, es el camino hacia tu nueva mentalidad.

Avanza con responsabilidad.

2. Cambia la imagen que tienes de ti.

"La opinión más importante que tienes es de ti mismo, las cosas más importantes que dices son las que te dices a ti mismo".

Zig Ziglar

Albert Einstein decía:

"Una definición de locura es hacer la misma cosa una y otra vez esperando obtener resultados diferentes".

Las personas que arriesgan, juegan para ganar, las personas que defienden, juegan para no perder. Esto es una importante diferencia entre éxito y fracaso. Cuando juegas a no perder, la imagen más definida que tienes en tu mente es perder. Lo que te dices tiene una influencia directa en tu rendimiento. Sé cuidadoso con lo que te dices.

La vida es un eco. Lo que enviamos fuera es lo que se nos devuelve, lo que siembras es lo que cosechas. Busca lo bueno siempre en cada persona, en cada situación adoptando esta regla de oro como una forma de vivir.

Por lo tanto, cambia la imagen que tienes de los demás y cambiarás tu propia imagen ante los demás.

3. Los ganadores son disciplinados.

"Si quieres alcanzar una meta debes ver la llegada en tu propia mente, antes de llegar a ella".

Zig Ziglar

La disciplina, según el diccionario, significa instruir o educar, informar a la mente, avanzar o preparar mediante la instrucción en principios y hábitos correctos.

Vamos a ver qué significa esto:

Avanzar o preparar mediante la instrucción:

No importa el talento y esfuerzo que emplees si no tienes una disciplina. Eso tan solo se quedará en un potencial. Enfrentar un problema no implica siempre la solución, mientras no lo enfrentes no va a haber solución.

Hay fortaleza al admitir una debilidad, la mayoría de nosotros somos vulnerables en ciertas áreas nuestras vidas.

Los que son sabios y ambiciosos admitirán sus debilidades y vulnerabilidad.

Todo puede ser superado con el tiempo, toma conciencia de ello, no te dejes arrastrar por el fracaso pues subirte al carro de la decepción suele costarte tu tiempo de vida.

Sé consciente y disciplinado.

4. Motivación + Información = Inspiración

"Lo que entra en tu mente afecta tu pensamiento, tu pensamiento afecta tu eficiencia y tu eficiencia afecta tu futuro".

Zig Ziglar

La diferencia en nuestra vida no es lo que nos sucede sino el cómo lo enfrentamos.

Al cambiar de dentro hacia fuera, todo lo de fuera también cambia. Mejora las relaciones sociales, tu negocio, tu salud, en fin, todo mejora.

Cuando sabemos que algo bueno nos va a suceder nuestra energía se dispara alegremente pero si sentimos que algo malo va a suceder la energía se condensa en pensamientos negativos autolesionándonos a nosotros mismos.

Es por ello, que la motivación es bueno alimentarla para los buenos y malos momentos.

La motivación alimenta la actitud que produce la confianza necesaria para mantener la perseverancia.

5. La actitud hace la diferencia.

El factor principal para enfrentar un problema debe ser tenerlo totalmente identificado. Nuestra actitud ante esa adversidad dependerá del pensamiento que genere nuestra mente.

Si piensas en positivo se resolverá de forma gloriosa, esto es un concepto real que puedes poner en práctica hoy mismo.

Si de lo contrario consideras que un pensamiento positivo sin control puede llevarte a la solución, siento decirte que el efecto es todo lo contrario, puede llevarte al semillero de la depresión.

El pensar positivamente te lleva a resolver problemas desde la responsabilidad y actitud, con una vibración elevada. Eleva tu energía con tus habilidades y tus pensamientos cambiarán automáticamente.

El pensamiento negativo te lleva a la queja del problema y cuanto más te quejes más problemas tendrás para quejarte. Si piensas en negativo, tu energía bajará, tu matrimonio, trabajo, relaciones sociales, etc. se destruirán.

Cuida el lenguaje del cómo te hablas a ti y a los demás. Las palabras y el silencio también marcan nuestra actitud.

6. Tienes todo lo que se necesitas para empezar.

La mayoría de personas fracasan en sus sueños no por falta de habilidad sino por falta de compromiso.

El compromiso produce perseverancia, un esfuerzo entusiasta que inevitablemente produce con grandes recompensas.

El miedo nos arrastra a posponer nuestras acciones y acobardarnos. También la propia autoimagen que tenemos de nosotros mismos nos aleja de nuestro objetivo. Ambos están tan unidos que nos cuesta mucho esfuerzo separarlos.

"La vida en una carrera de resistencia, no de velocidad"

Aquel que ha corrido una maratón alguna vez sabe que no se empieza corriendo la maratón entera. Es cuestión de resistencia, persistencia, disciplina y confianza en uno mismo.

Programar tus metas de motivación es necesario. Saber lo que quieres hacer y como lo vas a hacer debe ser la disciplina diaria. Tienes todo lo que necesitas para lograr tus anhelos.

Tienes todo lo necesario para alcanzar el éxito y la abundancia.

Como decía Pitágoras:

"No es libre el hombre que no puede controlarse así mismo".

O como también expresó Mahatma Gandhi:

"En firme convicción que ningún hombre pierde su libertad, excepto por su propia debilidad".

MÓNICA

Cuando decidas ser tu mejor versión comprometiéndote contigo mismo, sentirás plenitud, estarás contento/a, tendrás paz mental y mucha felicidad.

Esto te capacita a enfrentarte a la vida de una manera más efectiva.

Cuando alcanzas ese punto de saber quién eres, no es necesario demostrar nada; esto te da libertad, te da las fuerzas necesarias para mostrar tu mejor versión, encuentras la paz contigo mismo y con tus resultados.

Hace un tiempo leí esto que te escribo aquí bajo, llamó mi atención pues al leerlo sentí que aplicando esto podemos permitirnos **SER nuestra mejor versión**. Te la comparto.

"Cada día todos nosotros deberíamos hacer todo lo que podamos...donde sea que estemos y con lo que tengamos, para lograr ser cada día mejor que el anterior".

MARY WHITE

12. Abre tu mente a lo nuevo.

> "El secreto del cambio es enfocar toda tu energía, no en la lucha contra lo viejo, sino en la construcción de lo nuevo"
>
> **Sócrates**

Una buena actitud puede ser empezar a ver la vida con otros ojos, cambiar la percepción de lo viejo, aplicando conceptos diferentes a todo. Sólo aplicando esta nueva visión descubrirás para qué suceden las cosas.

Hasta el momento nuestra sociedad nos ha mostrado una percepción actualizando constantemente lo que puede ser de interés para las personas.

Las cosas cambian constantemente, cada vez hay más cosas materiales para comprar, para consumir dispersando nuestra atención de las cosas importantes.

Más aparatos tecnológicos, más cadenas de televisión, mas modelos de coches, mas actividades de ocio y entrenamiento, mas programas de televisión, más,

más y más distracciones que nos desequilibran diariamente.

Estamos sometidos a rutinas diarias, trabajo, niños, colegios, reuniones sociales o no comprometedoras, comidas, cenas, etc. y el tiempo pasa y pasa haciendo siempre lo mismo.

Así vivimos de lunes a domingo, las 24 horas del día. Algunos optan por esta vida organizada de trabajo, casa y familia, otros en cambio se enredan en vida social, amigos, conocidos, vecinos, todo es perfecto.

El inconveniente de todo esto es que la queja siempre está presente en estos acontecimientos, desgastamos energía arreglando el país, desaprovechamos el tiempo para desahogarnos con los demás. De esa forma evitamos enfrentarnos a las cosas esenciales. Vivimos una vida en círculo de la cual si te sales ya eres raro.

Con todo esto tan solo pretendo ayudarte a reflexionar como has sido tus circunstancias de vida hasta el día de hoy.

Es maravilloso disfrutar de la vida con nosotros mismos, nuestra pareja, nuestros hijos, nuestras familias, nuestros amigos, etc...pero aparte de esto hay muchas otras cosas que pasamos desapercibidas, las esquivamos, no paramos para solucionarlas y se van enredando constantemente con el paso de los días, meses y años, generándonos ansiedades innecesarias.

Llevamos una vida estructurada físicamente haciendo lo que toca socialmente en cada momento, pero...

¿Cómo llevamos la estructura de nuestra mente?

¿La tenemos organizada y estamos contentos con ella?

Te has parado a cuestionarte:

¿Cuánto tiempo llevas haciendo lo mismo en el trabajo con los mismos dolores de cabeza?

¿Cuánto tiempo llevas haciendo lo mismo en vacaciones?

¿Haces siempre lo mismo en fiestas importantes como Navidad o Semana Santa?

Por cierto, ¿sabes lo que significa Pascua?

Pascua etimológicamente proviene del latín, griego y hebreo. Su significado es "pasar, avanzar".

Pregúntate:

¿Cuántos libros te has leído este año? ¿Y Este mes?

¿Cuántas cosas nuevas has aprendido este añ?

¿Cuántas cosas has enseñado a los demás?

¿Has invertido tiempo en ti para pasear, estar en silencio, reflexionar, crearte nuevos objetivos?

Para terminar...

¿Te has preguntado alguna vez qué quieres?

Reflexiona...

Cuando te sientas preparado/a para contestarte estas preguntas, contemplarás la vida con otros ojos. Solo podrás realizarlo desde un estado de paz.

La paz te lleva a un siguiente nivel de conocimiento.

Te voy a compartir conceptos diferentes para que puedas hacer cosas distintas a partir de hoy.

Verás...

Cuando me puse a crear la AGENDA UNIVERSAL, se me dispararon muchas ideas de mi pasado. Es cierto que al pasado nunca hay que volver, a no ser que sea para traerte las emociones de alta vibración que te hizo sentir un momento concreto.

Pues bien, por ese motivo volví, para recordar esa fuerza que en un momento concreto tenía para crear. Aunque esta vez utilicé la creatividad gracias a la tecnología. Así fue como cree los 732 códigos QR que aparecen en ella y recopilé las 366 frases inspiradoras de personas célebres que nos dejaron un gran legado.

Te cuento esto porque quise aprender algo nuevo y diferente, la imaginación se me disparó y estos códigos me ayudaron a confeccionar la agenda con todos los videos y canciones que he compartido en ella.

¿A dónde quiero ir a parar con todo esto?

Continuamente aprendemos cosas sin darnos cuenta, bien porque las necesitamos o bien porque queremos.

Yo quería crear algo diferente que no hubiera hecho nadie nunca y lo conseguí aplicando todos los conocimientos que te he enseñado hasta ahora.

Fue un proceso bonito al cual añadí todo lo aprendido hasta el día de hoy. Al volver a ver todos los videos y escuchar todas las canciones, las emociones que se me generaron fueron distintas al pasado.

¿Qué significaba aquello? Sencillamente que crecemos, evolucionamos constantemente y se nos olvida sacar la basura que no nos sirve ya en el presente. Por lo tanto nos saturamos física, emocional y psicológicamente.

El trabajo de vida que ya mencioné en mi libro anterior, me ayudó a soltar los eslabones pesados y oxidados que arrastraba inconscientemente, dejando espacios en mi mente para nuevos conocimientos.

Empecé a incorporar conocimientos nuevos a mi formación elegidas por mí, leer todos los días me impulsa la creatividad, así nació la AGENDA UNIVERSAL.

Es de vital importancia acelerar los procesos cuando llegan y no perder el foco en lo que realmente tenemos que hacer.

Al terminar la AGENDA descubrí que había roto patrones mentales de mi pasado con muchos conceptos erróneos que tenía con referencia a mi potencial.

En definitiva, empecé creando algo que no había hecho nadie y terminé cambiando la mentalidad permitiéndome, desde la comprensión abrir la visión hacia otras cosas.

Otro proceso nuevo que emprendí a principios de este año, fue empezar a estudiar cosas diferentes. Después de varias opciones me decanté por la educación financiera. Empecé a avanzar rápidamente incorporándolo a mis hábitos de mi rutina mañanera.

Te cuento esto para que veas que todo es empezar por algo. Si te mueve alguna incertidumbre de cambio y no sabes hacia dónde dirigirte, hazte las preguntas que he mencionado arriba. Te ayudarán a averiguar que és lo que realmente quieres y hacia donde de quieres dirigir. Date tiempo, es un proceso que requiere paciencia, sé perseverante y no abandones tus sueños.

MÓNICA

En el último capítulo de este libro te avanzaré más sobre todo lo que he aprendido e integrado estos dos ultimo años.

No ha sido fácil; todo esfuerzo tiene su recompensa pero antes tienes que saber que todo...

13. Todo tiene un precio.

> "Yo estaba dispuesto a sacrificar lo que fuera para hacer este film y estar a la altura de Muhammdad Ali. Quería representar apropiadamente el legado que él nos dejó. Por lo que si tenía que dolerme un poco la cara en el proceso, ese era el precio que tenía que pagar".
>
> WILL SMITH

Habrás escuchado en cientos de ocasiones que todo tiene un precio y realmente es así.

Lo interesante es desde qué percepción y emoción se expresa esta frase.

¿Suele expresarse desde el miedo o desde el amor?

Es interesante reflexionar esto.

A menudo nos vemos envueltos en frases y circunstancias temerosas relacionadas con el dinero. A través de todo lo mencionado en este libro, deseo que puedas entender desde otra perspectiva, el significado de lo que supone dinero, precio, éxito, prosperidad, etc...

Aquí estás aprendiendo un proceso nuevo desde el que puedes empoderarnos con amor y respeto en otra posición para sentir, hacer y hablar en otra dirección. (Coherencia)

A pesar de ello, las personas se suelen posicionar en el miedo cuando les hablas de precio y les cambia el estado emocional cuando les hablas de dinero. Es una falsa creencia que al sistema le interesa que siga ahí. Atemoriza a las personas.

La palabra dinero tiene una gran repercusión en la mente de todos. Depende de tu estado mental y emocional de cómo la tengas integrada.

No nos han dado la información adecuada para entender realmente su significado. Ello genera miedo, incertidumbre e incluso enfermedades.

Es el momento de hablar con claridad, desde otro estado emocional, desde otra visión que poder tiene el dinero sobre nosotros.

Puedo resumírtelo en una sola frase:

"El dinero no hace nada, absolutamente nada. Son las personas las que hacen cosas con el dinero, potenciando quien son en realidad".

Todo lo que tú eres, tu dinero será igual. Todo lo que tu pienses, tu dinero será igual porque el dinero es energía en expansión que la condensamos o difundimos nosotros con la energía, actitud y creencias que generamos.

Nos han contado muchas mentiras a lo largo de la historia del poder del dinero y todo eso es momento de borrarlo para siempre.

He realizado muchos ejercicios para romper patrones

con el dinero y lo que más me sorprende de todo es que esto no nos lo hayan contado antes.

Al sistema le interesa seguir teniendo al inconsciente colectivo de la sociedad en estado de alerta, pero las mentiras son de la era anterior y en esta era ya no tienen cabida.

Hay que desprender todo lo viejo y dejar espacio a toda la buena y sabia información que nos está llegando por diferentes vías, como son los libros, formaciones de educación financiera, redes sociales etc.

Sé que esto no es fácil de digerir, a mi me pasaba lo mismo.

Llevamos muchos años con la programación de pánico, que el dinero cuesta mucho conseguirlo, se consigue solo con esfuerzo y trabajo duro, no crece en los árboles, el dinero no da la felicidad (esto si es un gran bulo sumado a muchas otras calamidades), el dinero corrompe, el dinero es sucio, es venenoso, transforma a las personas, etc. y mil y una aberración más a cerca del mismo.

Esta última frase "el dinero transforma a las personas" me impactó mucho cuando un día hablando con una persona que tiene resultados económicos importantes, me explicó como las personas ignoran el significado de estas palabras.

"*Nada ni nadie puede transformarte a ti Mónica, a menos que tú lo decidas*, *me expresó esa persona con mucha amabilidad.*

Tremendamente revelador. Analizo cada día de mi vida el significado y cada vez lo siento más claro y profundo.

"Nada ni nadie te puede transformar a ti, si tu no lo decides..."

¿Tiene sentido esto para ti?

A veces me pregunto:

¿De qué sirve vivir con ese pánico continuamente?

¿Qué mente tan maquiavélica ha inventado esa presión social?

Sinceramente hay cosas muy sencillas que el ser humano sigue pensando que haciéndolo complicado conseguirá nuevos resultados y eso es otro error garrafal de las mentes de las personas.

Existen muchas formas de pagar el precio cuando algo no lo hemos hecho correctamente o simplemente nos hemos equivocado.

Es tan sencillo como aceptar que te has equivocado y empezar de cero.

La actitud que utilicemos para solucionar cada situación será el punto de partida para el nuevo resultado.

Los precios para cada situación son diferentes:

El precio se puede pagar en esfuerzo, en dinero, en dejar de hacer ciertas cosas, en empezar a hacer ciertas cosas, en marcharse a la otra punta del mundo, en despedirse de esa persona para siempre, en decirle a esa persona que la amas, en decirle a una persona se acabó "no aguanto ni un minuto más", en pegar un golpe encima de la mesa y terminar una situación....

¿Pero qué sucede cuando negamos el precio a pagar?

Si nos negamos a pagar el precio no encontrarás el resultado de lo que quieres y la historia se repetirá.

"Todo el mundo desea saber pero solo pocos están dispuestos a pagar el precio"

Las personas oyen, no escuchan, negocian los precios a su manera y desde sus razones, por lo tanto entran en la carrera de la rata nuevamente y siguen en su bucle.

"El que tenga oídos que oiga", como decía Jesús de Nazaret.

> *"Disciplina es pagar el precio para traer esa visión a la realidad. Es abordar los hechos duros, pragmáticos y brutales de la realidad y hacer lo que haga falta para que ocurran las cosas. La disciplina surge cuando la visión se une al compromiso".*
>
> **STEPHEN COVEY**

Sí tenemos que pagar un precio cuando decidimos que vamos a por nuestro sueño y también pagamos un precio más alto cuando decidimos quedarnos sin hacer nada.

Es el momento de decidir cuál de los dos precios quieres pagar.

El dinero es energía en movimiento, viene y va como los humanos.

Deja de negociar cuál es tu precio y lánzate a por tus sueños construyendo tu nueva realidad.

¿Te atreves a soñar?

Aquí te dejo este código QR para que puedas otra nueva visión de la realidad. ¡Disfrútalo!

Estamos llegando al final de este libro, es momento de continuar con mas aprendizaje y sabiduría para conseguir la excelencia de tu SER.

Debemos dejar un legado bien algo defendiéndolo con respeto y cariño para que las generaciones que lleguen puedan disfrutar y enriquecerse de él.

Despegarnos del pasado nos da la oportunidad de progresar.

Acelera tu éxito con compromiso y responsabilidad.
Por tu libertad emocional y financiera.

14. Acelera tu éxito.

> *La clave del éxito es hacer un hábito a través de la vida, de hacer las cosas que temas.*
>
> **BRIAN TRACY**

Perseguir tus metas y objetivos nunca funcionará en la isla de algún día con tus amigas las excusas. Tu tiempo es sagrado

Las metas son las ilimitaciones, que podemos alcanzar con solo proponérnoslo.

Haz una lista con todas las metas que quieras alcanzar en los próximos 12 meses, metas para alcanzar en un año. Puede que en esa lista tengas metas que puedes alcanzar en un día, en una semana, en un mes o en seis meses, pero la característica principal es que todas se puedan alcanzar en 12 meses, olvidándote de los hábitos ya creados, del luego lo hago, mañana empiezo, algún día lo haré o lo empezaré mas tarde.

Ponte delante de un folio y empieza ahora, de lo contrario nunca lo harás.

Todo cambio requiere dedicación y amortización de tiempo. Si estás leyendo este libro posiblemente sea porque estás buscando nuevas estrategias que te ayudan a ahorrar tu tiempo, conseguir hábitos nuevos, invertir en ti y en tu conocimiento y poder tener mayor calidad de vida para ti y los tuyos.

Si sumamos a que puedes alcanzar algo más a todo este aprendizaje, es ideal. Para ello, primero hay que borrar todos los hábitos viejos, crear unos nuevos (puedes mirar el capítulo donde te enseñé a crear los míos propios) y enfocarte en lo que realmente quieres.

Ahora coge un folio y escribe tus metas.

¿Lo has hecho ya?
FELICIDADES ☺

Ahora pregúntate: Si tuvieras una varita mágica contigo y quisieras que una de esas metas se te cumpliera hoy mismo creando un gran impacto en ti, **¿cuál de estas metas elegirías?**

Haz este ejercicio pausadamente, observa todas tus metas, deja en paz a la mente y por deseo del alma, esta meta vendrá a ti. Todo es corazón y mente, por lo tanto no busques cuestionar y ponte a hacerlo.

Esta meta se va a convertir en tu meta principal, en tu mayor propósito, será la meta que encabece tu lista.

A continuación, escribe en un folio aparte, en un folio en blanco, todas las metas que ya tienes definidas, pero esta vez tendrás que hacerlo con un orden secuencial, el orden en el que quieres que se vayan cumpliendo todos tus objetivos. Al organizarlo, estarás también organizándolos en tu mente, es la única forma de la que puedes alcanzarlos. Tenerlos escritos en papel por orden es la orden directa que le estás dando a tu mente y a tu corazón.

Para establecer un orden anota en tu agenda el orden secuencial de qué pasos tendrás que dar para alcanzar tu primera meta, segunda, tercera, y así sucesivamente. Es importante que realices este paso, así sabrás en todo momento qué debes hacer para alcanzar la siguiente meta.

Para ponerle el orden cronológico diario, establece estas metas en tu calendario con el día en el que lo quieres conseguir con su fecha bien señalada.

Haciendo este ejercicio tan sencillo, puedes ahorrar mucho tiempo y calidad de vida a la hora de iniciar un cambio o inversión de tu tiempo de calidad en ti.

Establecer el orden semanal te ayudará a estar más enfocada/o en tus objetivos.

Puedes establecer estas metas para cualquier área de tu vida que lo necesites siendo paralelos uno a otro. Es muy divertido entrenarte a diario organizando tu propia vida.

Sal de la isla de algún día y entra en tu nuevo palacio del hazlo ahora. Tu vida y tu tiempo te lo agradecerán.

Decide un plan, escríbelas, ponles un orden secuencial cada día y de esta forma tus metas empezarán a avanzar.

Tenemos la opción de...

La información que recibimos a diario podemos utilizarla o desecharla. Es nuestra responsabilidad. No podemos decir que algo no funciona si ni siquiera lo hemos intentado.

No lo intentes, HAZ COSAS NUEVAS Y TE SUCEDERÁN COSAS NUEVAS, es de la única forma en que tus metas pueden obtener una forma y con el tiempo no tendrás que prestar tanta atención.

Según Brian Tracy, la atención es una gran clave del éxito. (Atención singular)

Brian Trancy añade una anécdota muy interesante sobre Bill Gates y Warren Buffett y el padre de Bill Gates: Cuenta que estaban reunidos en una cena en casa de Bill Gates, en una cena en la que había gran cantidad de gente. Estaban conversando entre ellos, cuando, de repente, una de las personas de esa reunión se les acercó y muy amablemente les preguntó: "Disculpen, señores, no quiero interrumpir su interesante conversación, ustedes tres son actualmente las personas más ricas y exitosas de mundo. Quisiera que, si son tan amables, me contestaran a esta pregunta: ¿Cuál dirían ustedes que es el ingrediente más importante para el éxito?" Ambos se detuvieron, pararon su conversación y se giraron hacia el hombre, le miraron y le contestaron a la vez: "LA ATENCIÓN".

La atención es la mayor cualidad para llegar al éxito.

Cuando pones atención puedes aprender cualquier cosa, y si no puedes poner atención siempre terminarás trabajando para otra persona que te haga poner atención.

Ponemos atención en todo aquello que nos interesa, hasta que conseguimos obtener un resultado en un corto período de tiempo.

Por ejemplo: Cuando empezaste a subir en bicicleta insististe una y otra vez, tuviste que caerte en varias ocasiones, te tuvieron que ayudar, practicaste durante muchas horas con tu foco puesto en tu objetivo final. Hasta que un día por fin lo conseguiste, pedaleaste con tanta seguridad que ya no has podido olvidarlo.

Lo mismo sucede con tus metas, poner la atención plena hará que las integres en ti de tal forma que crees un hábito en tu vida para siempre. De esa forma tendrás la oportunidad de seguir generando espacios nuevos en tu mente para adquirir conocimientos actualizados.

> *Obrar es fácil, pensar es difícil, pero obrar según se piensa es aún más difícil.*
> **Johann Wolfgang von Goethe**

Antes de ser fácil tiene que ser difícil, todo es exactamente igual en la vida. Tienes que hacer lo que nunca en tu vida has realizado para obtener lo que siempre ha permanecido en tu mente soñando que ya lo tenías. Todo tiene su precio a pagar como ya vimos en el capítulo anterior.

Existen varios tics esenciales, para escribir tus metas, aplicados por personas muy exitosas de este planeta, aplicándolas a tus metas propias puedes obtener las resultados que decidas. Hay que hacer cosas si

quieres obtener cosas nuevas.

Te comparto estos tres tics para que los apliques a tu vida junto con tus metas:

1º Escribe y habla en tiempo presente.
2º Escribe tus metas de forma positiva.
3º Escribe tus metas de forma personal.

Si unimos estas tres tics... podemos observar que tus metas son personales, por lo tanto, deberían de empezar con la palabra: Yo, seguido de un verbo de acción. Esto es un indicador a la parte central de tu cerebro que se activa rápidamente. Positivamente aportas tu frase de tu meta en positivo, en presente y acompañada de un verbo de acción.

Hay personas que han realizado un proceso sobre este tipo de ejercicios. Concretamente en este ejercicio de anotar las metas anuales, se ha podido comprobar que con potenciar las preguntas correctas a la pregunta inicial, es decir, a la meta más importante de todas, la que marca el propósito, se pueden obtener los resultados de éxitos esperados. Debe realizarse la pregunta abierta para incorporar las posibilidades.

Por ejemplo:

Si tu meta principal es, ¿Cómo puedo ganar 100.000€ en un año?, puedes centrarte en esta pregunta e ir desgranando todas las acciones que vas a hacer para conseguirlo. Contesta 20 respuestas de lo que vas a hacer tú: dedicar más tiempo a tu formación, leer un libro con métodos que te ayudan a lograrlo, practicar todo que vas aprendiendo buscar un nuevo trabajo a media jornada, mejorar tus habilidades, etc., cualquier contestación que se te ocurra.

Procura esforzarte en contestar al menos 20 respuestas. Este método se llama Tormenta Letal que fuerza a cavar muy hondo en tu mente, allí encontrarás todas tus respuestas.

Presta atención a cada una de tus respuestas pues seguro que encontrarás una que será la más innovadora que te llevará a tomar la acción concreta para lograr tu objetivo. Quizás la contestación que más ignores sea la que tenga la contestación adecuada.

En ocasiones, surgen limitaciones para realizar cambios en la vida que no sabes cuáles son si no nos paramos a preguntárnoslo.

Es una pregunta muy valiosa que puedes preguntártela de varias formas. La pregunta directa a tu mente podría ser:

¿Cuál es mi paso limitante?, ¿Qué es lo que me está deteniendo a hacer eso que realmente quiero? O ¿Qué factores son los adecuados para alcanzar mi meta?

Puedes utilizar estas preguntas o cualquier otra pregunta que se te ocurra, con tal de descubrir qué es eso que te detiene. Igual puedes lograrla desarrollándote a nivel personal.

Tu habilidad para averiguar tu paso limitante es tu inteligencia y un paso hacia tu autoconfianza. De estos dos conceptos el valor de la autoconfianza es un valor crítico de todo lo que puedes llegar a lograr. Cuando tienes autoconfianza lo intentarás casi todo, y como el éxito en gran parte es un asunto de promedio, cuantas más cosas realices, mayor será el promedio de lograr algo grande.

Depende de ti todo aquello que desees experimentar e inicies para finalizar este proceso con éxito. Probablemente el paso limitante en este tipo de acciones sea la autoconfianza.

Cuando emprendes algo nuevo y te enfocas en hacer cosas para lograrlo, tu nivel de confianza aumenta aunque no todo te salga bien, vas creciendo atravesando inconvenientes y obstáculos.

Esto creará en ti una mayor confianza que no podrás detener, ya que la irás integrando según vayas superando desafíos.

El desafío más grande que tenemos es superar las barreras mentales que están llenas de creencias que no nos permiten avanzar. No están contempladas en factores externos sino en la propia persona.

Una de las herramientas más poderosas que todos tenemos a nuestro alcance es la lectura, que a pesar de ser una herramienta de la era antigua, siempre nos servirá para crecer y aprender cosas nuevas. Lo interesante es elegir bien la lectura que quieres, esto te ayudará a progresar de forma abismal. Trabajando en ti mismo puedes obtener resultados increíbles.

"Los líderes son lectores".
JIM KWIK

Jim Kwik, lo etiquetaron al crecer como *EL NIÑO DEL CEREBRO ROTO*. En el colegio y durante su infancia tuvo serios problemas de aprendizaje, aprendió a leer solo en casa leyendo cómics. Actualmente es un entrenador de cerebros y lleva más de 25 años ayudando a grandes celebridades mundiales a desarrollar estrategias y técnicas. Una de las técnicas más impresionantes que enseña es a leer un libro en una semana.

Jim expresa que el desafío de una persona promedio es leerse dos libros al año y las personas SEO promedio *(según Wikipedia, SEO es el posicionamiento en buscadores u optimización de motores de búsqueda. Es el proceso de mejorar la visibilidad de un sitio web en los resultados orgánicos de los diferentes buscadores. También es frecuente nombrarlo por su título inglés, SEO (Search Engine Optimization)* leen entre cuatro y seis libros anuales.

¿Pero cómo puedes leer un libro a la semana?

Jim realizó un estudio donde enseña cómo puedes leer un libro a la semana. Explica que su gran entusiasmo al realizar este estudio se debió a la oportunidad de poder sentarte a leer, durante un día o dos, décadas y experiencias de estudios, historias de personas o acontecimientos de personas que alguien decidió escribir. ¡Es genial poder descargar toda esa información en ti, te da una gran ventaja para adquirir nuevos conocimientos!

Este estudio fue mucho más allá…

¿Cómo se puede leer un libro sin lectura rápida en una semana?

El secreto nos lo muestra con el análisis que realizó, el cual enseña en profundidad en uno de sus programas actuales.

Analizó, como ejemplo, el promedio de palabras que tenía un libro en la plataforma de Amazon, dando como resultado dicho análisis en 64.000 palabras. Otro estudio diferente que realizó era saber cuántas palabras lee aproximadamente una persona promedio, en línea, que es como se lee en más de 150 países en el mundo, era de 200 palabras. Si divides 64.000 palabras (páginas totales promedio) entre 200 (palabras diarias) el resultado es de 320 minutos aproximadamente lo que se necesita para leer un libro a la semana. Ahora si a los 320 minutos los divides entre los 7 días de la semana, sale un total de 45 minutos más o menos al día. Es decir se necesitan 45 minutos al día para poder leer un libro a la semana.

Pero hay otro secreto más...

Lo más importante de todo es programar el horario de esa lectura en una hora en la que la mente esté despierta. Leer ayuda a cuidarse a uno mismo, es dedicación hacia ti, como si tuvieras una reunión con tu propio jefe todos los días.

Aprender a aprender este hábito es muy saludable.

Si eres un lector más rápido puedes programarte menos tiempo, todo depende de ti.

La gran mayoría de personas suelen utilizar la lectura como sedante o relajante para irse a dormir. Este no es momento donde debes programar tu lectura. Hazlo a primeras horas de la mañana, a ser posible siempre a la misma hora. Si el conocimiento es poder, da por hecho que aplicando esta técnica, la lectura es tu súper poder.

Para ser más productivo en tu día a día puedes buscar ideas nuevas, con esta información que queda aquí revelada, puedes empezar a buscar todo cuanto necesite para aumentar tu progreso.

Es esencial saber elegir bien lo que quieres para amortizar tu tiempo en todo. A muchas personas lo que más les cuesta es precisamente elegir lo que desean y hacia dónde dirigirse para obtener éxito.

Tienen la sensación de sentirse perdidos, no aciertan a ver todo su potencial.

Pon en práctica estas enseñanzas y llegará un momento en que sí sentirás ese tirón de la autorrealización desatando tu creatividad y tu poder.

Todos somos muy buenos para poner excusas sobre algo que anhelamos, utilizamos nuestra creatividad en contra nuestra.

La teoría de todo cuanto existe suena bien, pero al ponerlo en marcha se disparan muchas alarmas mentales innecesarias. Aprende a aprender a controlarlas con técnicas varias que puedes encontrar en libros o navegando por Internet en los lugares adecuados.

Internet es una gran herramienta que nos han facilitado, a la cual sí tenemos que poner límite para no perder nuestro valioso tiempo en vano.

Las personas exitosas comparten sus experiencias de cómo ganan tiempo o invierten su tiempo para seguir siendo exitosas y ricas.

¿Alguna vez te has preguntado cómo pueden hacer tanto en tan poco tiempo?

Al parecer las personas exitosas tienen una capacidad antinatural de hacer más que la persona promedio, es posible que pienses que esto se debe a una ética de trabajo más duro o porque sacrifican horas y horas al trabajo arduo y aunque eso puede ser cierto para unos pocos, la realidad es que las personas más exitosas entienden el valor del tiempo y por lo tanto ellos lo crean al delegar tareas que absorbe su tiempo.

Robert Kiyosaki, en su libro *Padre Rico Padre Pobre*, decía que su padre pobre consideraba un desperdicio de dinero delegar las tareas domésticas contratando personas para realizar esas tareas. Sentía que estaba desperdiciando su posible riqueza. En cambio su padre rico nunca tuvo problemas para contratar personas que lo ayudaran a hacer tareas domésticas.

Nuestro activo más importante es el tiempo. La diferencia entre una persona pobre y una persona rica es cómo usan su tiempo y lo que están dispuestos a pagar por él, llegado el momento.

El padre rico sabía que contratando personas para ayudarlo a cocinar, limpiar y hacer las tareas domésticas en la casa, estaba ayudando a alimentar a su propia familia y a otras familias. El padre pobre siempre hacía sus tareas menores y nunca soñaba con contratar a alguien para que las hiciera por él, pero se quejaba de que nunca había tiempo suficiente para hacer todas las cosas que quería hacer, *añadía Robert Kiyosaki.*

Estas enseñanzas nos dejan ver lo valioso que es el tiempo y una de las formas en las que se puede delegar. Pagar a alguien por tiempo limitado para realizar tareas del hogar es una buena opción para amortizar tu tiempo y ayudar a los demás.

Considero que todas las amas de casa del mundo deberían de cobrar un sueldo, es el trabajo más laborioso a nivel personal que existe y su valor en la sociedad está muy mal considerado.

Si a un ama de casa le pagaran las horas que dedica a la casa, no pasarían muchos de los problemas que existen en muchas familias de esta sociedad. Todos merecen disfrutar de su tiempo de calidad y la responsabilidad de las tareas del hogar recae en cada uno de sus miembros, sean los que sean.

Las personas exitosas comprenden este factor a la perfección, lo tienen integrado en sus vidas y lo utilizan, forma parte de las leyes universales del DAR y RECIBIR, y también alimenta las leyes del Diezmo ayudando a los demás a desarrollarse a través de oficios y empleos extraordinarios.

Somos muchos y tenemos que hacer de todo ayudando a todos, pero si utilizas la queja en lugar de soluciones siempre estarás concentrado en la mentalidad mediocre como la que expresa el padre pobre.

Así crecen las empresas gracias a los trabajos que desempeñan muchas personas para otros, aunque a pesar de trabajar para otro puedes adquirir conocimientos valiosos para ti mismo/a. Esta nueva era ha traído y seguirá trayendo cambios muy potentes de forma continua en cortos períodos de tiempo.

Adaptarte al cambio requiere movilizar tu tiempo de aprendizaje y acelerar el proceso. Es imprescindible hoy por hoy estar al día ante los cambios que se producen a diario e investigar aprendiendo que nueva enseñanza viene unida al cambio.

Si eres trabajador/a, empleada/o o emprendedor/a, semanalmente debes adquirir el hábito de mantener una reunión contigo mismo y observar todo lo que has hecho durante la semana, qué beneficios te ha dado y cuántas cosas nuevas has aprendido. Este trabajo contigo es realizar tu propio balance.

Si eres trabajador/a o empleado/a, piensa si ha sido una semana productiva para ti y para la empresa en la que trabajas. Hazte tantas preguntas como quieras o aplica las 20 respuestas del ejercicio anterior, esfuérzate y no te conformes con lo que tienes. Las cosas no van a estar siempre igual. Debes prepararte para todo lo que pueda suceder, en cualquier momento puedes quedarte sin trabajo. El momento para pensar en todo es tu dedicación a tu balance semanal. Cuando crees el hábito verás cómo será necesario que lo realices todas las semanas, elige un día en el que puedas dedicarte plenamente a ti, como un domingo por la tardes durante un par de horas. Establécelo en tu agenda o en tu móvil lo que más cómodo te resulte, hazlo y no te arrepentirás.

Si eres emprendedor/a, realiza el mismo trabajo a nivel personal recordando lo que ya has aprendido de trabajos anteriores o experiencias similares, además aplica tus preguntas a tu negocio, aprende a crear lo difícil de forma fácil. Profundiza más en las preguntas que en realidad deseas. Si te sientes estancado, elige un tema concreto y compra todos los libros que puedan inspirante a evolucionar. Habla con personas que ya tienen los resultados que tú quieres alcanzar y contrátales. Es una muy buena inversión. Realiza tu balance semanal personal y profesional.

En ambos casos es preferible escribirlo para observar la evolución. Recuerda que solo haciendo progresamos y amortizamos nuestra vida y nuestro tiempo.

Deja de perder tu valioso tiempo y aprovecha todo lo bueno que te da la vida, día a día. Los problemas, si están en tu mano, soluciónalos rápido y si no, no te preocupes, seguro que se solucionarán.

Estancarse en los problemas no pertenece ya a esta era, somos solucionadores de problemas.

El mundo está ahí fuera esperando a que puedas progresar con todo cuanto te ofrece. No te detengas nunca a pesar de las circunstancias, todo se aprende aprendiendo a aprender. Así dirigirás siempre tu tiempo.

Antes de finalizar...

Deseo de todo corazón haberte aportado valor a través de este libro, pon en práctica todo lo que te apetezca, hazlo de forma progresiva y en muy poco tiempo verás tus resultados.

RECUERDA: Nunca le cuentes a nadie cuál es tu deseo, que tus actos hablen tan alto que no te haga falta pronunciar una sola palabra. Actúa con fe y con amor y todo te será concedido. Este es mi deseo para ti.

Si todavía no has leído el libro de **"Ser Feliz en el Trabajo de tu Vida"**, te invito a que te sumerjas en sus páginas.

Tiene mensajes muy reveladores del comienzo de este nuevo mundo de la tecnología y revolución digital. Todo ello generó emociones muy potentes en las personas.

Puedes solicitarlo ahora mismo por:

 630 750 234

O entrando en la página:

 www.monicabeltran.com

Este libro que tienes en tus manos acelera los procesos, como habrás podido comprobar. El tiempo apremia y no regresa. Y para llegar a una mejor comprensión de la saga de SER FELIZ... puedes hacerlo con el último libro de la trilogía.

"Ser Feliz con el Amor de tu vida TÚ MISMO"

A través de las páginas de este libro por fin podrás descubrir para qué has estado tanto tiempo dormido o reposado en tu zona de confort incómoda.

Obtendrás respuestas acerca del gran potencial que llevas guardado desde que viniste a la vida. Descubrirás por qué las personas desprestigian a los demás ocasionando verdaderos problemas en sus vidas y en sus almas.

Verás el infinito abanico de posibilidades que te ha ofrecido la vida durante toda tu existencia y no te has dado cuenta de ello. Será como un bello amanecer del que te acordarás el resto de tus días.

Continúa tu proceso de evolución acelerándote día a día con decisión y mucha fuerza. No pasa absolutamente nada por que te equivoques, siempre tendrás otra oportunidad, pero no dejes de hacer lo que realmente tienes que hacer, sigue creciendo y avanzando que el tiempo se marcha y no regresa jamás.

"Ser Feliz con el Amor de tu vida TÚ MISMO"

te romperá esquema y te desarmará el montaje de vida que tenías preparado en tu vida organizada.

Estoy deseando que lo disfrutes y te lleve a un siguiente peldaño más en tu escalera, escalando con excelencia tu triunfo y éxito. ¡Tú te lo mereces!

¡¡YA TE HA LLEGADO TU MOMENTO!!

Si decides ir... VE A POR TODAS. Estaré encantada de acompañarte.

"GRACIAS, GRACIAS, GRACIAS DE TODO CORAZÓN POR TU TIEMPO Y CONFIANZA"

Mi mayor deseo es que este libro te llegue al corazón, te ayude a despertar tu conciencia, te recuerde quién eres realmente, te eleve tus capacidades, fuerza y sabiduría, dejándote guiar por tu propia esencia.

Atrévete a emprender tu proyecto, tu sueño con todo tu potencial.

Tus segundos son tu mayor tesoro.

Sé feliz hoy, mañana y siempre por ti, por tu libertad.

Con los pies en el suelo y el corazón el cielo se puede aprovechar el tiempo al máximo.

Recuerda que el tiempo sí se acaba.

Con todo mi cariño y respeto,

Mónica Beltrán Pérez

* Laín García Calvo

Hace dos años, hablando con una amiga de todo este cambio que estaba transformando mi vida, ella me dijo que había visto unos vídeos en YouTube que le habían impactado mucho.

Me repitió constantemente si lo había visto y yo siempre le decía lo mismo, que esa información no era para mí. Yo le repetía que estaba en un momento de acción y que no me podía parar a mirar allí.

Tantas veces me lo dijo y tantas veces aparecía esa información en mi Facebook, que finalmente me paré a mirar y a escuchar.

¡¡¡Fue sensacional!!!

Ella me estaba invitando a mirar lo que yo tanto anhelaba, **una información de la mano de una persona que ya tenía resultados.**

Mi primera toma de acción fue escuchar esos videos e iniciar el proceso en movimiento.

Compré todos los libros que encontré de esa persona, me empapé de todo el conocimiento que había escrito en esas páginas e inicié mi transformación hacia mi nueva vida.

Hasta el momento, ha sido la mejor inversión que he realizado en mi vida. Todo lo aprendido en este libro y el resto de la saga me ha impulsado de forma abismal, permitiéndome conocerme a mí misma y a mis circunstancias.

Desde entonces no he dejado de seguir a....

* ¿Conoces este libro?

Este fue el libro que me enseñó a escuchar la voz de mi alma literalmente.

Imagino que ya lo conocerás y si no es así, aquí te presento el mejor libro de crecimiento personal y evolución para el ser humano que jamás he leído."LA VOZ DE TU ALMA", bendito nombre y excepcional su contenido.

Su autor, la persona más bondadosa, generosa y amorosa que ha creado el universo, como mentor y experto en superación de todo tipo de adversidades en el plano terrenal.

Su nombre Lain García Calvo, un SER maravilloso que lo único que sabe es DAR, DAR, DAR, DAR, DAR y SEGUIR DANDO, todo conocimiento y sabiduría que llega a sus manos. ¡¡Bendito sea!!

Lain es el líder más influyente, a nivel, nacional e internacional de crecimiento personal en habla hispana.

Ha escrito toda una saga de libros guiado por los pasos de su alma, que están revolucionando el mundo.

Su onda expansiva de amor por la humanidad, no hay quien la pare. Ha vendido ya más de 150.000 ejemplares de este libro acompañado de otros.

Jamás podré olvidar ese maravillo instante en que me hizo darle la bienvenida a mi nueva vida.

Gracias de todo corazón, Lain, miles y millones de gracias por existir y cruzarte en mi camino en el momento más importante. Sin ti jamás habría podido llevar a cabo este proyecto que hoy ofrezco al mundo y todo fue porque tú me ayudaste a hacerlo.

Gracias por la oportunidad que me has dado y sobre todo por creer en mi capacidad.

Te deseo desde lo más profundo de mi alma que sigas multiplicando tu éxito, pues te lo mereces verdaderamente.

Amigo/a lector/a no pierdas esta gran oportunidad que aquí te hablo y regálate este libro. Hazte con él hoy mismo.

Entra en la página de: www.laingarciacalvo.com y toma la acción que necesitas para escuchar todo lo que nunca te contaron.

"LA VOZ DE TU ALMA" te lo agradecerá eternamente.

¿Cómo podemos mantener el contacto?

Muy fácil, sígueme en las redes sociales:

Mónica Beltrán Pérez

Puedes obtener la Trilogía completa y la Agenda Universal en:

 www.monicabeltran.com

O bien por: **630 750 234**

TRILOGÍA de la Saga "SER FELIZ"

AGENDA UNIVERSAL
¡Es el momento de valorar tu tiempo, tu tesoro!

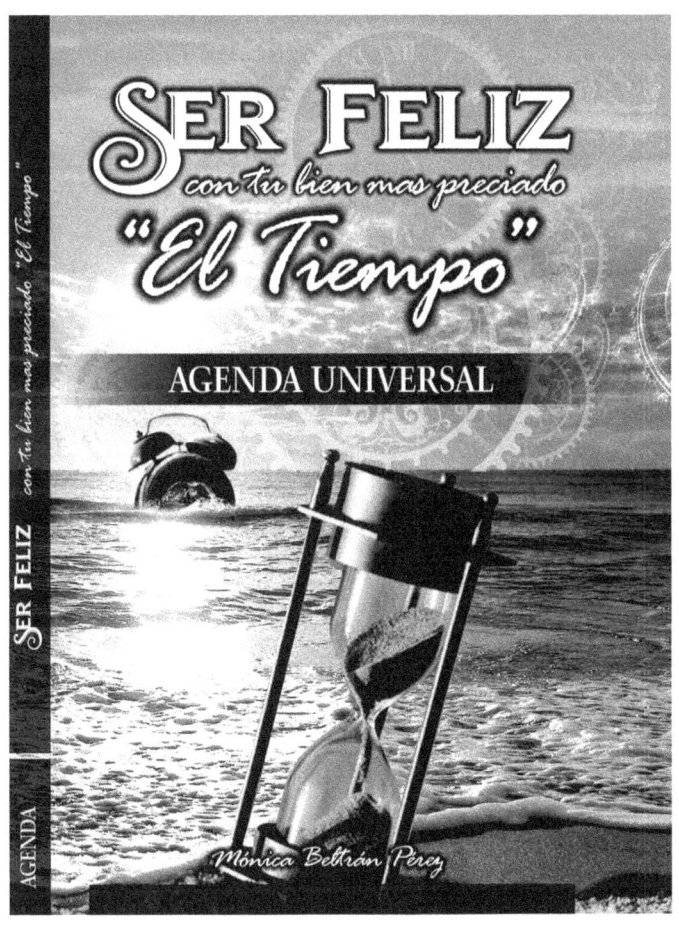

"Consigue tu Agenda Universal y disfruta de sus más de 300 páginas dedicadas para ti"

Esta agenda universal la he creado para que puedas agilizar e invertir de una forma cómoda y fácil, tus momentos de vida.

He querido recoger en ella todos los vídeos y canciones que más me han ayudado a crecer durante la creación de la saga "SER FELIZ".

- **¿Para quién es esta agenda?**

Para adultos, personas mayores, adolescentes, niños, padres, hijos, abuelos, hermanos, emprendedoras/es, empresarias/os, trabajadoras/es, profesoras/es, funcionarias/os, empleadas/as, etc... como ves, esta agenda es para todas las personas.

- **¿Qué vas a encontrar aquí?**

Aquí encontrarás canciones actuales, canciones del recuerdo, música que te elevará la vibración, vídeos curiosos, emocionales, vídeos que te sacarán de tu zona de confort incómoda, películas inspiradoras, cuentos para reflexionar, acertijos, cuentos para niños, cortometrajes, experimentos sociales, vídeos de inteligencia financiera, etc...

- **¿Para qué he creado esta agenda?**

Para que puedas entretenerte, divertirte, enriquecerte, crecer emocional y financieramente, reírte y ponerte muy incómodo.

RECUERDA: Esto es un regalo para ti, puedes verlo cuando quieras cuantas veces desees y compartir las canciones, vídeos o reflexiones con quien te apetezca. También puedes enviar el enlace a personas de las que te acuerdes mientras lees, escuchas y miras.

"TU TIEMPO ES TUYO"
TU BRÚJULA LA MUEVES TÚ
PON RUMBO
A LA DIRECCIÓN CORRECTA
Y
¡DISFRUTA DE TU VIDA!

Mónica Beltrán Pérez

www.ingramcontent.com/pod-product-compliance
Lightning Source LLC
Chambersburg PA
CBHW031312150426
43191CB00005B/200